中国有色金属工业协会专家委员会组织编写

有色金属系列丛书

中 国 锌 业

北 京

冶 金 工 业 出 版 社

2014

内 容 提 要

本书共分为六篇，介绍了锌的发展史及其性质与用途，资源现状与分布，选矿设备与装备，冶炼技术与装备，资本市场和国内外主要生产情况、行业相关法律法规和产业政策等内容。

本书简明扼要，浅显易懂，适合于从事锌冶金及相关专业的人员阅读。

图书在版编目(CIP)数据

中国锌业/中国有色金属工业协会主编. —北京：冶金工业出版社，2014.12

(有色金属系列丛书)

ISBN 978-7-5024-6805-7

Ⅰ.①中… Ⅱ.①中… Ⅲ.①炼锌—冶金工业—中国 Ⅳ.①F426.32

中国版本图书馆 CIP 数据核字（2014）第 276606 号

出 版 人 谭学余

地　　址 北京市东城区嵩祝院北巷 39 号 邮编 100009 电话 (010)64027926

网　　址 www.cnmip.com.cn 电子信箱 yjcbs@cnmip.com.cn

责任编辑 张熙莹 美术编辑 彭子赫 版式设计 孙跃红

责任校对 李 娜 责任印制 李玉山

ISBN 978-7-5024-6805-7

冶金工业出版社出版发行；各地新华书店经销；三河市双峰印刷装订有限公司印刷

2014 年 12 月第 1 版，2014 年 12 月第 1 次印刷

148mm×210mm；4.625 印张；87 千字；127 页

22.00 元

冶金工业出版社 投稿电话 (010)64027932 投稿信箱 tougao@cnmip.com.cn

冶金工业出版社营销中心 电话 (010)64044283 传真 (010)64027893

冶金书店 地址 北京市东四西大街 46 号(100010) 电话 (010)65289081(兼传真)

冶金工业出版社天猫旗舰店 yjgy.tmall.com

(本书如有印装质量问题，本社营销中心负责退换)

《有色金属系列丛书》
编辑委员会

序

为适应有色金属工业发展的需要，普及和提高有色金属知识，提升全国有色金属战线广大干部职工的思想业务素质，促进我国从有色金属生产大国向有色金属工业强国的转变，中国有色金属工业协会组织编写了《中国铜业》等《有色金属系列丛书》（共 21 本）。《丛书》集中了全行业的智慧和力量，汇集了当今中国乃至世界有色金属领域的最新知识和信息，深入浅出，通俗易懂，融知识性、实用性为一体，是社会各界学习和提高有色金属知识的好教材和实用工具书。

有色金属是经济社会发展必不可少的基础材料和重要战略物资。有色金属作为功能材料和结构材料而广泛应用于人类生活的各个领域，成为当今高新技术发展和国防军工的重要支撑。有色金属的生产和消费水平已经成为衡量一个国家社会进步的重要标志。

中国是生产有色金属品种最全的国家，门捷列夫化学元素周期表中的64种元素的有色金属都能生产。中国是世界生产和消费有色金属最多的国家，到2011年十种有色金属产量已达3438万吨（快报数），连续10年位居世界第一，年消费有色金属已达3580万吨以上，连续9年位居世界第一。目前全国已有有色金属企业、事业单位3万多家，就业人员360多万。

有色金属涵盖的金属品种多。在元素周期表中，除了黑色金属铁、锰、铬，锕系和超锕系放射性金属元素外，余下64种都为有色金属元素。有色金属成矿条件复杂，矿床类型多样，矿体形态变化大，元素组合多样，勘探难度大，而且需要综合勘探、综合评价。有色金属结构复杂，多种矿物相嵌共伴生关系密切，选矿和冶炼的技术、装备复杂，工艺流程长。有色金属应用领域广，用途千差万别，材料的研制和加工复杂。有色金属元素在原矿中含量低，富集比都在几十、几百、几千甚至几万以上，导致在采矿、选矿和冶炼过程中固体废物多，节能环保压力大，工艺技术复杂。综合上述不难看出，有色金属产业是固体矿产资源开发利用领域最复杂的产业，有色金属知识领域宽广、博大精深。

建设现代化的有色金属工业强国是全行业360多万职工为之奋斗的目标。我相信，《丛书》的出版发行，对增进全社会对有色金属工业的了解，推动全行业广大干部职工学习和掌握有色金属知识必将发挥积极重要的作用。让我们行动起来，为促进我国有色金属工业的持续、稳定发展，为实现有色金属工业发展的既定目标而奋勇前进。

中国有色金属工业协会会长 陈全训

2012年8月于北京

前　言

锌是国民经济建设和国防建设事业中不可缺少的金属材料之一。中国从 10 ~ 11 世纪开始首先大规模生产锌，是世界上最早发现并使用锌的国家。进入 21 世纪以来，中国锌冶炼业实现了快速发展。2013 年，中国锌产量达到 530 万吨，约占世界精炼锌总产量的 40.4%，连续 22 年稳居世界第一位。

锌金属具有良好的抗腐蚀性、延展性和流动性，常被用作钢铁的保护层，如镀锌板和管等。锌能与多种金属制成物理与化学性能更加优良的合金，广泛应用于建筑、汽车、机电、化工等领域。全球锌消费主要集中在镀锌、锌合金、黄铜和氧化物领域，其中镀锌是锌消费第一大领域。

中国是世界锌冶炼工艺最全的国家，到目前为止中国火法炼锌、湿法炼锌分别占炼锌工艺的 9%和 91%。葫芦岛、东岭锌业等企业通过对蒸馏、精馏技术和塔盘、旋涡炉处理蒸馏渣等一系列技术改造，使具有中国特色的竖罐炼锌技术不断完善。中金岭南韶关冶炼厂铅锌密闭鼓风炉工艺（ISP）经过一系列改造，各项技术经济指标得到很大改善。湿法炼锌工艺在深度净化、热酸浸出、除铁、浸出渣处理工艺、锌粉制作、氧化锌高效脱氟氯等技术上都取得了重大进展。在设备大型化方面，有多家企业 10 万吨冶炼系统全部采用 $109m^2$ 的高效沸腾焙烧炉。在机械化方面，驰宏锌锗曲靖冶炼厂、巴彦淖尔紫金、株冶集团、中金岭南丹霞冶炼厂引进大极板电解槽、自动剥锌机等先进设备。中金岭南和株冶集团又分别引进世界先进水平的全湿法炼锌工艺并已投入生产。云南冶金集团成功开发的铁闪锌矿氧压浸出新工艺开始规模化生产。兰坪金鼎公司开发了硫化矿与氧化矿联合浸出工艺。云南祥云飞龙公司开发了氧化矿直接浸出—净液—电解工艺、氧化矿酸浸—萃取—电解炼锌联合工艺。这些均标志着中国湿法炼锌技术正向国际先进水平迈进。

中国锌工业经过几十年的发展，在产业规模、产业结构、技术装备、节能减排、淘汰落后产能、海外资源开发等方面都取得了较大进步，但也面临国内锌资源短缺日益突出、环保压力不断升级、淘汰落后任务仍较艰巨、产业结构不尽合理、产业竞争力整体不强等一系列新问题。

本书的编写主要参考了张乐如主编的《铅锌冶炼新技术》、蒋开喜主编的《有色金属进展(1996～2005)》第四卷《重有色金属》、《中国有色金属丛书》、《铅锌工业职工读本》等，以及中国有色金属工业协会历年的相关研究报告、统计资料等，并得到了有关专家和领导的大力支持和帮助，在此表示衷心感谢。

由于编者水平所限，书中不足之处，敬请读者批评指正，竭诚感谢。

编　者

2014年5月

目　　录

第一篇

绪　论

第一章　锌的发展史

锌是人类自远古时期就知道其化合物的元素之一。锌矿石和铜熔化制得合金——黄铜,早为古代人们所利用。但金属状锌的获得比铜、铁、锡、铅要晚得多,一般认为这是由于碳和锌矿共热时,温度很快高达1000℃以上,而金属锌的沸点是906℃,故锌即成为蒸气状态,随烟散失,不易为古代人们所察觉,当人们掌握了冷凝气体的方法后,单质锌才被获得。

中国是世界上最早发现并使用锌的国家，早在10~11世纪中国就首先大规模生产锌。明朝末年宋应星所著《天工开物》一书中有世界上最早的关于炼锌技术的记载。该书所叙，锌的生产过程非常简单，将炉甘石（即菱锌矿石）装满在陶罐内密封，堆成锥形，罐与罐之间的空隙用木炭填充，加热熔炼后，将罐打破，就可以提取出来金属锌锭。1750~1850年人们已开始用氧化锌和硫化锌来治病。1869年Raulin发现锌存在于生活机体中，并为生活机体所必需。1963年报告了人体的锌缺乏病，于是锌开始被列为人体必需营养素。

作为世界锌冶炼工艺最全的国家，中国火法炼锌和湿法炼锌技术在不断创新和改造中提高。中国锌冶炼从最落后的反射炉焙烧、平罐炼锌恢复生产起步，经科研人员和企业技术人员自力更生、不断摸索，20 世纪 50 年代中期由葫芦岛锌厂、北京有色金属研究院在国外尚无先例的情况下，研究成功锌精矿高温氧化沸腾焙烧。经过对蒸馏、精馏技术和塔盘、旋涡炉处理蒸馏渣等一系列技术的不断探索和完善，使具有中国特色的竖罐炼锌技术不断成熟。20 世纪 80 年代以前，中国锌冶炼湿法冶金和火法冶金工艺生产规模大致相当。80 年代中期，葫芦岛锌厂技术改造中引进棒磨机等大型设备，使得竖罐炼锌装备水平大幅提高。韶关冶炼厂从英国引进技术，自行设计、设备制造、施工的铅锌密闭鼓风炉工艺（ISP），经 80 年代中期进行的一系列改造后，工艺也日趋完善，各项技术经济指标达到国际先进水平。

从 1950 年 5 月在沈阳冶炼厂试制出第一批电锌开始，以株洲冶炼厂、沈阳冶炼厂、会泽铅锌矿为代表的湿法炼锌工艺技术、深度净化流程一直在不断地研究、攻关、革新，在热酸浸出、除铁、浸出渣处理工艺、锌粉制作、氧化锌高效脱氟氯、实现设备大型化和机械化等方面得到很大的发展。1991 年，白银西北铅锌冶炼厂引进 $109m^2$ 沸腾炉，随后株冶 10 万吨、豫光锌业、云南驰宏锌锗公司、巴彦淖尔紫金矿业等企业全部采用 $109m^2$ 沸腾炉。驰宏锌锗公司成功应用了大极板大电解槽、低电流密度、长周期电解精炼工艺，机械化剥锌等先进技术，标志着中国湿法炼锌技术向国际先进水平迈进。四川宏达，金鼎锌业、豫光金铅、水口山、葫芦岛、汉中八一、祥云飞龙等一大批企业相继建设了湿法炼锌生产线，并通过技术改造，工艺装备不断提升，铅锌冶炼设备趋向于大型化、连续化和机械化。到 2007 年，湿法炼锌产能约占全国产能的 90%。进入 21 世纪，先进的全湿法炼锌工艺开始在世界广泛应用，包括硫化锌精矿氧压浸出工艺和富氧常压浸出工艺。2006 年，中金岭南引进加拿大谢利特·哥顿公司的氧压浸出工艺，株冶集团引进芬兰 OutoTec 公司常压富氧浸出工艺，罗平锌电引进氧压浸出工艺等，引领中国锌冶炼工艺向世界先进水平迈进。

近几年，中国锌企业在自主创新方面取得不菲的成果。云南冶金集团在国内成功开发了铁闪锌矿氧压浸出新工艺，开始用于规模化生产；兰坪金鼎公司针对中国西南氧化锌矿资源特点，开发了硫化锌焙砂与氧化锌矿联合浸出工艺，云南祥云飞龙公司开发了氧化锌矿直接浸出—净液—电解工艺、氧化矿酸浸—萃取—电解联合工艺。

回顾新中国成立以来，特别是改革开放以来，中国锌工业成功实现了从高度计划经济体制到社会主义市场经济体制的转变；从封闭、半封闭状态到全方位开放的转变；从产品短缺到产量、消费量均居世界第一的转变；从主要技术依赖进口到高附加值产品出口的转变。中国锌产量在 1992 年超过加拿大成为世界第一锌生产大国后，2000 年锌的消费量超过美国，成为世界第一锌消费大国。目前，中国锌工业已经形成矿山开采、选矿、冶炼、加工完整的工业体系，铅锌行业在产品品种、产品质量、技术开发能力、对外贸易、工艺装备、环境治理、资源综合利用、现代企业制度建立等方面都有了巨大的发展，中国锌工业已经屹立在世界锌领域的前列。

第二章 锌的性质与用途

第一节 锌的主要性质

一、物理性质

金属锌（见图 1-1），化学符号 Zn。属化学元素周期表第Ⅱ副族元素，是六种基本金属之一。锌是一种蓝白色的金属；密度为 7. 13g/cm^3；熔点为 419. 5℃；沸点为 907℃；莫氏硬度为 2. 5；其六面体晶体结构稳定性极强，无法改变，但可以加强；锌在常温下呈脆性，加热到 100 ~ 150℃时，能压成薄板或拉成金属丝，但温度超过 250℃时又失去延展性；细粒结晶的锌比粗粒结晶的锌容易辊轧及抽丝。

图 1-1 锌

液态金属锌浸的蒸气压随温度升高而迅速增加，在不同温度下锌的蒸气压见表 1-1。

表 1-1　不同温度下锌的蒸气压

温度/℃	419.6	500	700	907	950
蒸气压/Pa	19.5	169	7982	101325	156347

在火法炼锌中，氧化锌用碳还原的反应必须在 1000℃ 以上的温度下进行，冶炼生成挥发的锌蒸气只有通过冷凝才能得到金属锌。

二、化学性质

锌是比较活泼的重金属，室温下，在干燥的空气中不起变化，但在潮湿而含有 CO_2 的大气中，表面会生成一层薄而致密的碱式碳酸锌膜，可阻止进一步氧化。当温度达到 225℃ 时，锌氧化激烈；燃烧时，发出蓝绿色火焰。锌属负电性金属，标准电位为 -0.76V，易溶于酸，也易从溶液中置换金、银、铜等。在一定温度下锌与氟、氯、溴、硫作用生成相应的化合物。在自然界中，锌多以硫化物状态存在。主要含锌矿物是闪锌矿，也有少量氧化矿，如菱锌矿和异极矿。

第二节　锌化合物的主要性质

一、氢氧化锌

氢氧化锌（$Zn(OH)_2$）是一种两性氢氧化物，在 125℃ 时分解成氧化锌和水。在锌盐溶液中，加入适量的强碱使溶液的 pH 值为 6 时，就会析出白色的 $Zn(OH)_2$ 沉淀，它与 $Al(OH)_3$相似，也是两性氢氧化物，可以用作橡胶添加剂、外科药膏、轮胎、颜料、陶瓷釉料、静电复印纸等。

二、硫化锌

硫化锌（ZnS）是一种白色或微黄色粉末。在 H_2S 气氛中灼烧即转变为晶体。α 变体为无色六方晶体，密度为 3.98g/cm^3，熔点为 1700℃ ±28℃ （202.66 ~ 2026.5kPa）；β 变体为无色立方晶体，密度为4.102g/cm^3，于1020℃转化为 α 型。存在于散锌矿中。不溶于水、易溶于酸。见阳光色变暗。久置潮湿空气中转变为硫酸锌。一般由硫化氢与锌盐溶液作用而得。若在晶体 ZnS 中加入微量的 Cu、Mn、Ag 作活化剂，经光照后，能发出不同颜色的荧光。用作分析试剂、涂料、制油漆、白色和不透明玻璃，充填橡胶、塑料，以及用于制备荧光粉等。

三、氧化锌

氧化锌（ZnO），俗称锌白，是锌的一种氧化物，主要以白色粉末或红锌矿石的形式存在。红锌矿中含有的少量锰元素等杂质使得矿石呈现黄色或红色。氧化锌晶体受热时，会有少量氧原子溢出，使得物质显现黄色。当温度下降后晶体则恢复白色。在正常压力下能升华，能吸收空气中的二氧化碳。加热至 300℃时，色变黄，但冷却后又变成白色。难溶于水，可溶于酸和强碱。溶于稀乙酸、矿酸、氨水、碳酸铵和氢氧化碱溶液，几乎不溶于水。

当温度达1975℃时氧化锌会分解产生锌蒸气和氧气。单质碳可用于氧化锌中锌的还原，氧化锌是一种两性氧化物，难溶于水或乙醇，但可溶于大多数酸，同时可以与强碱反应生成可溶性锌酸盐。氧化锌在脂肪酸中可发生缓慢的反应，生成相应的羧酸盐，如油酸盐和硬脂酸盐。氧化锌可以与硫化氢发生反应，在工业生产中该反应常用来除去混合气体中的硫化氢。氧化锌与浓氯化锌水溶液混合时生成碱式氯化锌，具有类似水泥的硬化性质，常用于牙科手术。氧化锌和磷酸反应生成的四水合磷酸锌（$Zn_3(PO_4)_2 \cdot 4H_2O$）也具有相同的性质。

氧化锌与镁粉、铝粉、氯化橡胶、亚麻籽油接触会发生剧烈反应，有起火或爆炸的危险。含有氧化锌的软膏与水混合暴露在紫外线光下则可产生过氧化氢。

氧化锌是一种常用的化学添加剂，广泛地应用于塑料、硅酸盐制品、合成橡胶、润滑油、油漆涂料、药膏、黏合剂、食品、电池、阻燃剂等产品的制作中。氧化锌的能带隙和激子束缚能较大，透明度高，有优异的常温发光性能，在半导体领域的液晶显示器、薄膜晶体管、发光二极管等产品中均有应用。此外，微颗粒的氧化锌作为一种纳米材料也开始在相关领域发挥作用。

四、氯化锌

氯化锌（$ZnCl_2$）呈白色粒状、棒状或白色粉末，无气味，潮解性强。水中溶解度在25℃时为432g、100℃时为

614g。氯化锌易溶于水，是固体盐中溶解度最大的，可溶于甲醇、乙醇、甘油、丙酮、乙醚，不溶于液氨。具有溶解金属氧化物和纤维素的特性。熔融氯化锌有很好的导电性能。灼热时有浓厚的白烟生成。氯化锌有腐蚀性，有毒。

氯化锌浓溶液可用于清除金属表面上的氧化物。在无机工业中作为生产活性炭的活化剂，也用于制造抗溶性泡沫灭火液和生产氰化锌的原料；有机工业中用作聚丙烯腈的溶剂，有机合成的接触剂、脱水剂、缩合剂、去臭剂；特种表面活化剂及用于香兰素、兔耳草醛、消炎痛药物、阳离子交换树脂生产的催化剂；石油工业中用作净化剂；染料工业中用作冰染染料显色盐的稳定剂，也用于活性染料、阳离子染料的生产；橡胶工业中用作硫化促进剂的辅助材料；印染工业中用作媒染剂、丝光剂、增重剂；电镀工业中用作铵盐镀锌的锌离子添加剂；颜料工业中用作白色颜料的原料；冶金工业中用于生产铝合金和处理金属表面；焊接时作为除锈剂。

五、硝酸锌

硝酸锌（$Zn(NO_3)_2 \cdot 6H_2O$）是一种无色四方晶系结晶，易潮解，用于机器和自行车零部件镀锌、配制钢铁磷化剂、织物染色媒染剂、染料合成物品的保藏剂及乳胶凝结剂等。

第三节　锌的主要用途

由于锌在常温下表面易生成一层保护膜，因此锌最大的用途是用于镀锌工业，镀锌消费占到锌消费的一半以上。锌能和许多有色金属形成合金，其中锌与铝、铜等组成的合金，广泛用于压铸件。锌与铜、锡、铅组成的黄铜，用于机械制造业。含少量铅镉等元素的锌板可制成锌锰干电池负极、印花锌板、有粉腐蚀照相制板和胶印印刷板等。锌肥（硫酸锌、氯化锌）有促进植物细胞呼吸、碳水化合物的代谢等作用。锌粉、锌钡白、锌铬黄可作颜料。氧化锌还可用于医药、橡胶、油漆等工业。锌的主要用途如图1-2所示。

2013 年中国锌的消费达到 590 万吨，其中镀锌占 54%，

图 1-2　锌的主要用途

压铸合金占 27%，氧化锌占 9%，黄铜占 5%，电池占 3%，其他占 2%。消费比例如图 1-3 所示。

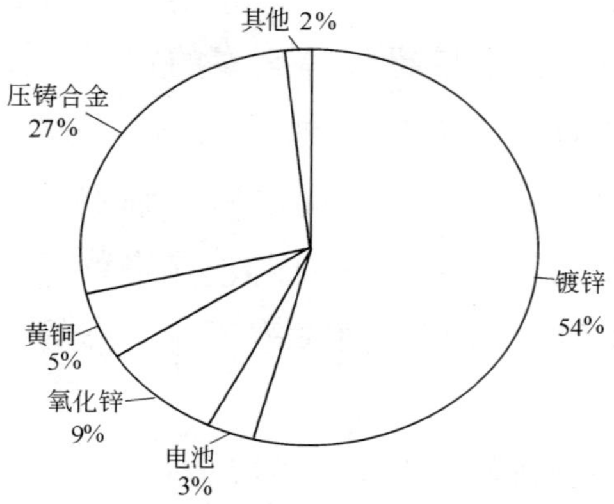

图 1-3 2013 年中国分行业锌消费比例

第二篇

锌的资源形成与分布

第一章　矿物特点概述

第一节　矿 物 种 类

铅、锌在自然界里，特别是在原生矿床中共生极为密切。它们具有共同的成矿物质来源和十分相似的地球化学行为，有类似的外层电子结构——都具有强烈的亲硫性并形成相同的易溶配合物。它们被铁锰质、黏土或有机质吸附的情况也很相近。目前，在地壳上已发现的铅锌矿物有 250 多种，大约 1/3 是硫化物和硫酸盐类。方铅矿、闪锌矿等是冶炼铅锌的主要工业矿物原料。

尽管现在已发现有 250 多种铅锌矿物，但可供目前工业利用的仅有 17 种。其中，铅工业矿物有 11 种、锌工业矿物有 6 种，以方铅矿、闪锌矿最为重要，此外还有菱锌矿、白铅矿等。下面重点介绍几种锌矿。

一、闪锌矿

闪锌矿硬度为 3 ~ 4.5，密度为 3.9 ~ 4.2g/cm^3，具有金

刚光泽到半金属光泽，其颜色主要取决于矿石中铁的含量，当其中含铁量增多时，矿石颜色由浅变深，从淡黄、棕褐直到黑色，条痕颜色也由浅变深，从白色到褐色。该类含铁量高的矿俗称铁闪锌矿。其化学组成主要为 Zn、Fe、S，成分中常含有各种类质同象混入物；鉴定特征：菱形十二面体完全解理、光泽以及与方铅矿密切共生；闪锌矿因为颜色变化很大，所以不易鉴定，不过却仍然可以从它的光泽和解理当中，予以判别；一些暗黑色的，叫黑闪锌矿，条痕多为红棕色，较其本身整体的颜色常为浅；成因产状：主要产于接触矽卡岩型矿床和中低温热液成因矿床中，是分布最广的锌矿物（见图 2-1）。

图 2-1　闪锌矿

二、菱锌矿

菱锌矿硬度为 4 ~ 5，密度为 4 ~ 4.5g/cm^3，呈黄色或淡绿色，其条痕颜色为白色，具有玻璃光泽，该矿物中的锌主要以碳酸锌形式存在，在人们发现闪锌矿之前，它一直被作为锌的主要来源。菱锌矿一般产出在金属矿床中的氧化带里，它是原来某种锌矿物蚀变成的，称做次生矿。纯的菱锌矿是白色的，如果含有其他元素，则会带上绿、黄、褐、黑等颜色，它们具有玻璃光泽，像葡萄、肾球、钟乳等形状，有的甚至像土的样子。有些好看的菱锌矿还可做成工艺品。化学组成：$ZnCO_3$，其中，ZnO 含 64.90%，CO_2 含 35.10%；鉴定特征：以其形态、产状及其粉末加冷盐酸起泡为鉴定特征，与本亚族其他矿物的区别在于密度较大，菱面体解理较不完全（见图 2-2）。

图 2-2　菱锌矿

三、硅锌矿

硅锌矿硬度为 5 ~ 6，密度为 3.89 ~ 4.18g/cm³。其颜色有无色或带绿的黄色，有时呈带黄的褐色，含锰时呈浅红色，条痕为白色，透明至半透明，具有玻璃光泽和珍珠光泽。该矿是一种硅酸盐矿物，通常产于铅锌矿床氧化带，是锌矿的次生矿物，常与异极矿、白铅矿等共生，也见于一些接触交代矿床中，其成分中常含有多量的锰，与红锌矿、锌铁尖晶石等组合。以其颜色和透射光下为无色为鉴定特征（见图 2-3）。

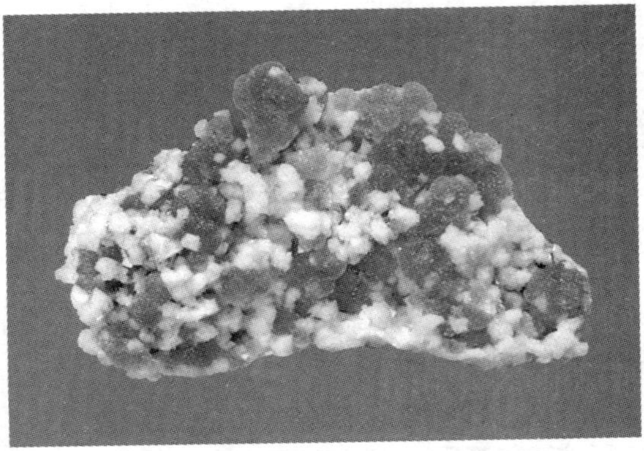

图 2-3　硅锌矿

四、异极矿

异极矿硬度为 5，密度为 3.40 ~ 3.50g/cm³。其颜色呈黄色或棕色，条痕为灰色，透明或半透明，具有玻璃光泽或珍珠光泽。该矿产于铅锌硫化物矿床的氧化带，一般是闪锌矿氧化的产物，与菱锌矿、白铅矿、褐铁矿等共生。稳定上限为 250°C，过此温度即转变成硅锌矿 $Zn_2[SiO_4]$，其化学组成为 $Zn_4(H_2O)[Si_2O_7](OH)_2$，其中，ZnO 为 67.49%，$SiO_2$ 为 25.01%，H_2O 为 7.50%。通常还含有 Pb、Fe、Ca 等。是一种硅酸盐矿物，鉴定特征：异极矿与菱锌矿相似，区别是遇酸不起泡。与葡萄石的区别是密度较大；在封闭的试管内加热释放出水分。溶于酸，并产生凝胶，难熔（见图2-4）。

图2-4　异极矿

自然界中的锌主要以以上几种矿物形式存在，此外，锌还常常以铜、铅、锌、铁、铋、银等多金属共生硫化矿形式存在，并富含砷、铅、铜、铋、银及稀散元素锗、镓等，因此，在考虑锌选矿富集的同时应该综合考虑其他有价值金属的回收利用。

第二节　铅锌矿床

铅锌矿床主要有5种类型：

（1）花岗岩型。产于花岗岩及其碎屑质围岩中。矿床有用组分除铅、锌外，还有钨、锡或铜。矿体呈脉状、浸染状。铅锌品位较高，如湖南东坡、广东锯板坑等矿。

（2）矽卡岩型。产于花岗岩类和碳酸盐岩接触带及其内外。矿石组分除铅、锌外，可含铜、钨、锡等。矿体呈脉状、透镜状、扁豆状。铅锌品位中等，如湖南水口山、辽宁桓仁等矿。

（3）海相火山岩型。产于优地槽凝灰岩、熔岩及次火山岩中。矿石组分主要为铅、锌，常含黄铁矿。矿体呈似层状、透镜状、扁豆状。铅锌品位高至中等，矿床为大、中型，如青海锡铁山、甘肃小铁山等矿。

（4）陆相火山岩型。产于火山盆地分布的凝灰岩、熔岩及次火山岩中。矿石组分主要为铅、锌，部分含铜。矿体呈似层状、透镜状、脉状。铅锌品位贫、富均有，矿床多为中型，如浙江五部、大岭口银山等矿。

（5）碳酸盐岩型。产于地台或浅海相白云岩、石灰岩、不纯碳酸盐岩中。矿石组分除铅、锌外，部分含铜。矿体呈层状、似层状、透镜状。铅锌品位高，矿床常为大、中型，如广东凡口、广西泗顶等矿。

第二章　世界锌资源分布

世界已查明的锌资源量 19 亿多吨，锌储量 1.8 亿吨，储量基础 4.8 亿吨。世界锌资源主要分布在澳大利亚、中国、秘鲁、墨西哥、美国、印度和哈萨克斯坦等国，其储量占世界储量的 72%，详见图 2-5。与 1998 年相比，世界锌储量减少 1000 万吨，储量基础增加 3000 万吨。世界锌储量的静态保证年限为 15 年，而以储量基础计算的锌的静态保证年限为 40 年。另外，对储量基础进行勘查升级尚可新增储量。从现有世界锌生产和消费趋势来看，较长时期内不会出现资源短缺。

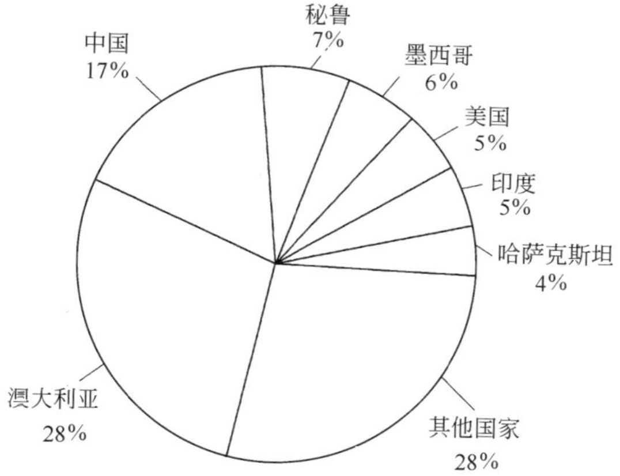

图 2-5　2012 年世界锌资源分布情况

（资料来源：美国地质调查局）

第三章　中国锌资源分布

据国土资源部资料显示，2007～2011 年，国内查明锌资源量净增加 1519.4 万吨，增幅为 15.1%。截至 2011 年底，中国共有锌矿区 1907 个，已查明锌资源储量为 11568.0 万吨，资源量 8443.6 万吨，基础储量 3124.4 万吨，储量 962.8 万吨。尽管铅锌矿区数、资源量及查明资源量逐年增长，但储量及基础储量呈下降趋势。具体变化情况见表2-1。

表2-1 2007~2011年中国锌资源量（金属量）变化情况

年份	矿区数/个	储量/万吨	基础储量/万吨	资源量/万吨	查明资源储量/万吨
2007年	1457	2423.87	4250.26	5798.32	10048.58
2008年	1591	2345.21	4281.69	6111.39	10393.08
2009年	1728	1922.90	3838.50	6857.80	10696.30
2010年	1812	1224.48	3251.42	8344.80	11596.22
2011年	1907	962.75	3124.39	8443.63	11568.02

注：资料来源于国土资源部。

中国锌资源分布广泛，全国30个省区均有锌矿资源。2011年储量在100万吨以上的省份有云南、甘肃两个地区，内蒙古地区曾是锌储量大省，2009年以前在100万吨以上，但自2010年来急剧下降至16万吨左右。矿区数量最多的省区依次是内蒙古、广西、云南、河南、贵州、福建和四川，均超过100个，这7个省区的锌储量占全国总储量的三分之一左右。2011年中国1907个锌矿区平均储量为0.50万吨，近几年在不断下降，其中广西、云南、四川、湖南、新疆、江西、甘肃和河北等8个省区的锌矿区平均储量高于全国平均水平。同样，内蒙古地区查明资源量及基础储量均是全国最大的，已形成一定产能。

2013年，全国铅、锌冶炼的原料自给率均超过90%，比“十一五”期间65%的平均水平有大幅提高。境内的铅锌资源保障能力不断提高，大、小兴安岭地区近年新增资源量铅锌 50 余万吨；青海多才玛矿段的铅锌资源量由原来的 76 万吨增至 259 万吨，一跃成为特大型矿床铅锌矿；西部资源栖霞山铅锌矿矿区新增铅锌资源量约 70 万吨。湖南花垣凤凰发现的千万吨级铅锌矿或将成为全国最大铅锌矿基地。2013 年中国铅锌精矿产量均创下历史新高，预计今后几年还将继续保持上升势头。

第三篇

锌的采选技术与装备

经过多年的发展，中国铅锌采选的技术装备水平有了长足发展，开矿方式、采矿方法、选矿技术及采选技术装备水平大幅提高，骨干矿山的技术装备已达到世界先进水平。

新中国成立初，铅锌采选冶技术非常落后。铅锌矿山开采基本是从铁锤钢钎，人挑肩扛，木制矿车运矿起步。由于铅锌矿资源类型多，共生、伴生成分复杂，选矿难度大，初期选矿厂规模小，技术落后，选矿设备简陋。1950～1960年地下采矿仅有浅孔留矿和干式充填等少数几种方法。1960～1970年桃林铅锌矿推广应用了崩落采矿法，“七五”期间，成功研发了高浓度全尾砂胶结充填工艺。凡口矿引进国外先进充填工艺，建成了有自控检测装置的立式砂仓充填系统和盘区机械化分层胶结充填法，并根据国外V.C.R采矿法生产实践，研发成功凡口大直径深孔采矿法，采用了盘区上向中深孔配套机械化采矿工艺，盘区水平浅眼分层充填法，达到国际地下矿山的先进水平。选矿采用了北京矿冶研究总院研制高品位铅锌混合精矿异步混合浮选新工艺和高碱度、丁黄药、浓70松醇油选矿工艺。进入21世纪以来，采矿技术进一步发展，新工艺被广泛开发、推广，如南京银茂铅锌矿业有限公司应用了无间距阶梯式连续回采分层充填采矿法，采用全尾砂膏体充填工艺，使采矿技术继续提高。凡口铅锌矿与有关院所合作，对深井特殊环境下的采矿工艺与技术、地压灾害监测预报与防治技术和深井通风优化与控制技术等组织攻关，形成了端部立槽卸荷、盘区机械化高分层充填回采等一整套开采工艺技术，大大提高了深井开采的安全程度和采矿效率。

第一章　锌的采矿技术与装备

第一节　主 要 技 术

中国铅锌矿山开采是以地下开采为主，少数矿区为露天开采或先露天开采，后转为地下开采。地下开采，目前开采深度一般在300～800m。其开采方法，根据矿床的地形、矿体产状、规模和埋藏深度而定，主要有普通充填法、盘区开采法、大直径深孔采矿法等。

一、普通充填法

普通充填法主要用于开采不宜采用斜坡道相通的产状复杂、厚度小的孤立小矿体。此工艺的采场结构参数为：中段高40m，采场长度一般为矿体厚度，采场宽度6～10m，底柱高6～7m，拉底巷2m×2m（视采掘设备而定），每分层回采高度3～4m，采用气腿式风钻凿岩，排距、孔距均为

0.7～1.0m，采用小铲运机出矿。待出矿清场结束，把采装设备吊高，然后进行分层充填，充填高度3～4m，充填完成后就可以进行下一个循环工作。

二、盘区开采法

盘区开采法主要用于开采矿量集中、厚度大、顶底盘形态复杂的矿体，采场垂直走向布置，分矿房和矿柱两步骤回采。该工艺可实现无轨回采，采场的凿岩、爆破、出矿等都可实现机械化作业，现已形成盘区机械化生产作业线。盘区开采法按凿岩方式和采场布置方式不同可分为：盘区水平浅孔分层充填采矿法、盘区机械化上向进路分层充填采矿法、盘区机械化上向中深孔分层充填采矿法。

（一）盘区水平浅孔分层充填采矿法

该工艺采场结构参数为：中段高40m，采场长一般为矿体厚度，采场宽8～10m，底柱高8m，拉底巷3.4m×3.0m（根据采掘设备而定），分层高度3～4m，采场凿岩采用手持气腿式风钻，排距与孔距均为0.8～1.0m，出矿采用$2m^3$或$3m^3$进口铲运机，出矿清场后就进行分层胶结充填，胶面强度要求3～4MPa，厚度0.5m以上，以便铲运机行走。

（二）盘区机械化上向进路分层充填采矿法

该工艺分段平巷垂直矿体走向，各回采进路沿矿体走向布置（即垂直分段平巷），分矿房和间柱二步回采，从一分段拉底上采，分段平巷布置两个天井，用于通风、充填及出矿。采场结构参数：采场长度一般为25～40m、宽度4～

6m，底柱高8m，拉底巷3.4m×3.0m，分层回采高度2.0～3.5m，采场凿岩采用气腿式风钻，排距、孔距均为0.8～1.0m，出矿和充填的要求和上述水平浅孔充填法一样。

（三）盘区机械化上向中深孔分层充填采矿法

该工艺的采场结构参数与水平浅孔分层充填采矿法一样，只是采用的回采设备不同，采场的凿岩、爆破、出矿等都可实现机械化作业。凿岩采用HS105型上向自动接杆台车钻凿仰角85°～88°的上向炮孔，孔深4～6m，炮孔按梅花状排列，孔距1.2～1.3m、排距1.3～1.4m，掏槽区孔网一般为1.0m×1.0m，采场边孔距0.4～0.5m。为确保边帮平整，每隔3～5m用水平台车打一个倾角45°、孔深3.5～4.0m的边帮控制孔，采用NT30/NBB150型装药车装药。利用风压把散装粒状铵油炸药压入孔内，采用导爆索与毫秒雷管非电复式起爆网络爆破，出矿用3m^{3}铲运机，出矿清场后就进行分层胶结充填，以此类推，采、出、充交替循环作业，直到采场回采结束。

三、大直径深孔采矿法

大直径深孔采矿法主要用于开采产状规整的厚矿体，采场垂直走向布置，采场构成要素为：中段高40m，采场长度一般为矿体厚度，采场宽为8～10m，底柱高8m，拉底层高3m，出矿进路断面为3.4m×3.0m，上部凿岩硐室高4m（按凿岩设备而定）。凿岩采用潜孔钻机打165mm炮孔，孔距2.6～2.8m，排距2.8～3.0m，拉槽区孔距、排距均为

2.0m，采用乳化油炸药，人工吊装。爆破方式从原来的单一分层爆破发展成为多种联合：

（1）单层球状药包爆破。这是典型的VCR法爆破方式，每次爆破一分层，由下往上崩矿。

（2）球柱状药包联合爆破。在同一次爆破中，利用球状药包切槽，其余进行柱状药包侧向崩矿。

（3）柱状多层装药侧向崩矿。在采场的一头预先拉好切割槽作为自由面，然后进行多层侧向崩矿，采用$2m^3$或$3m^3$铲运机出矿，然后一次充填。

第二节 装备的进步与研发

铅锌矿采矿生产效率的提高和生产规模的扩大，除了工艺技术不断创新外，还需要装备的不断进步。从20世纪70年代至90年代，铅锌矿每一次生产规模扩大和工艺技术的创新，都研发和引进了大量性能优良、生产效率高的大型凿岩、掘进、采矿、运矿、破碎、充填、电气等现代化先进装备与之配套，使采矿机械自动化程度大幅提高，达到了国内地下矿山的先进水平，大大缩短了与发达国家地下金属矿山开采技术的差距。

一、采矿凿岩装备

凿岩除使用国产风动凿岩机外，还引进了国外先进的凿岩台车，以及配套撬毛台车和锚杆台车等先进装备。掘进作业除曾使用过国产双机凿岩台车外，还试制过立蟹爪爬式装岩车、转载斗车等。顶板支护发展到锚杆支护、锚杆金属网支护及喷锚网联合支护。天井掘进全面应用吊罐法、天井钻机钻进法、深孔分段爆破成井法，大大加快了掘进速度。采掘爆破均采用复合乳化炸药，工作面大块采用进口破碎台车处理。

二、矿石装运设备

1982 年就采用了高效率的铲运机出矿和振动放矿机放矿，先后从芬兰、美国等国家引进大型铲运机，这些铲运机对生产效率的提高起到了举足轻重的作用。对危险采场或残矿回收，使用遥控铲运机出矿，装运效率提高了 5 倍。

三、自行研制的采矿设备与器材

20 世纪铅锌矿自行研制试用的采矿设备、器材有：CTC-102 型双机采矿台车和装药器；AT-2000 型天井钻机；BM 系列乳化粉状与弹塑炸药及复合油相材料；W-1 型铲运机；WJ-1 型铲运机；0.4m^3 电动铲运机；YK-1 型遥控铲运机；10.00-20-14 层级半光面耐切割工程轮胎；CZ-150 型高压钻孔冲击器钻头，YKP4 硬质合金；SPY-1 型数字式频率制综合远动装置；DQ150J 型高风压潜孔钻机，冲击器和钎头，凿岩稳杆器；CLH 系列乳化油炸药和 SB 系列炸药。

四、进口的主要采矿设备

进口的主要采矿设备有：HS-105X 型上向接杆凿岩台

车、HS-105H/V 型上向接杆凿岩台车、NT30/NBB150 型井下装药台车、SIMBA261 型井下潜孔钻机、BROK3000 撬毛台车、H695 型锚索台车等。

第二章 锌的选矿技术与装备

第一节 锌的选矿概述

选矿是利用矿物的物理或化学性质的差异，借助各种选矿设备将矿石中的有用矿物和脉石矿物分离，并达到使有用矿物相对富集的过程，从而达到冶炼对矿石品位的一定要求。铅锌矿几乎都是铅锌伴生矿，绝大部分矿山都将铅、锌分选，国内仅有凡口铅锌矿有部分铅锌混合精矿。

选矿过程中使矿石发生物理、化学变化的基本环节（也称作业）称为选矿工序，通常有选前的矿石准备作业、选别作业、选后的脱水作业。选前的准备作业是基于后续作业对物料粒度的特殊要求，将矿石粉碎，使其中的有用矿物和脉石达到单体解离的工序。选别作业是将已经单体解离的矿石采用适当的手段，使有用矿物和脉石分选的工序。脱水作业是按照浓缩、过滤、干燥三个阶段来脱除选矿产品中的水分，减少对于运输和冶炼过程中的不利影响。

目前国内处理铅锌矿的主要工艺有全电位控制浮选、全浮选工艺流程、硫化浮选工艺法、重选—浮选工艺、改性胺浮选法、浸（氨浸、酸浸）出—浮选、快速浮选、分支串联浮选、异步混合浮选、部分快速优先浮选、选冶联合等工艺。就单一浮选而言又分先铅后锌的优先浮选，先硫化矿后氧化矿的分段浮选，先浮易浮矿后浮难浮矿等可浮流程。

针对目前国内的中低品位氧化铅锌矿资源，研究重点倾向于选冶联合工艺流程，也就是选矿采用正反浮选的技术方案，生产出选冶联合技术要求的氧化铅锌精矿。云南省会泽铅锌矿等研究的“先硫后氧—先铅后锌—等可浮—异步选铅—留着硫异步混选—硫化铅、锌、黄铁矿分离—氧化铅硫化浮选—氧化锌不脱泥浮选的复杂多金属硫化矿、氧化混合矿综合选矿新技术”，已成功地用于新建65万吨/年的选矿厂。

电位调控及电化学控制浮选先后在凡口铅锌矿、南京铅锌银矿、青海锡铁山铅锌矿等数家铅锌选矿厂应用。实践证明其具有技术先进、流程简单、药剂用量少、分选指标高，对不同类型铅锌硫化矿适应性强、稳定性好、环境污染少等明显优点，对浮选理论的发展作出了重大贡献。

第二节　不同类别锌矿选矿技术

一、硫化锌矿的选矿

锌的硫化矿的特点是铅锌共生，世界上极少发现单独的铅矿和锌矿，闪锌矿与方铅矿在天然矿床中常常紧密共生。硫化铅锌矿中一般含有用矿物的量较低，而且多数呈细粒浸染，经常伴生着多种有价成分，例如铅、锌、铜、硫等有用矿物。它们之间的可浮性能有明显的差别，这些条件决定了硫化铅锌矿石采用浮选法生产。“浮选”是漂浮选矿的简称，它是根据矿物颗粒表面物理化学性质的不同，从矿石中分离有用矿物的技术方法。浮选按分选有价组分不同可分为正浮选与反浮选，将无用矿物（即脉石矿物）面在矿浆中作为尾矿排出的方法称为正浮选；反之称为反浮选。浮选中常用的浮选药剂有捕收剂、起泡剂、抑制剂、活化剂、pH值调整剂、分散剂、絮凝剂等。常见的浮选机有机械搅拌式、充气式、充气机械搅拌式等。影响浮选流程选择的因素很多，其中最主要的因素是：矿石中有用矿物的浸染特性；有价成分的种类及它们的价值和含量；矿石的其他物理、化学性质。一般情况下，以矿物的嵌镶特性决定选别流程的段数，以用户对精矿质量的要求决定选别流程的结构。常规的硫化铅锌矿原则流程为直接优先浮选和混合浮选两种，从它们可以衍生出其他各种不同名称流程。

（一）直接优先浮选流程

依次分别浮选出各种有用矿物的浮选流程称为优先浮选流程（见图3-1）。该流程的特点可以适应矿石品位的变化、具有较高的灵活性，对原矿品位较高的原生硫化矿比较适合，如中国的西林、凡口、乐昌铅锌矿选厂的浮选流程，瑞典莱斯瓦尔（Laisvall）铅锌选厂的浮选流程均属

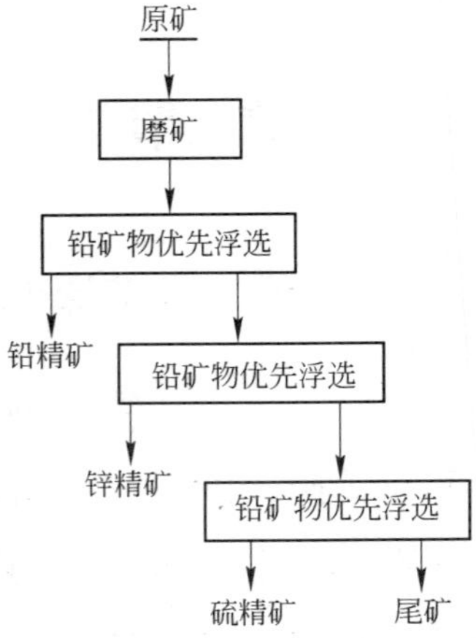

图3-1 优先浮选流程

此类。其优点是块状矿石磨碎后，适当地加入抑制剂和活化剂，按有用矿物可浮性的难易程度，依次进行不同矿物的浮选。该流程有利于有用矿物之间的分离以及有用矿物与脉石矿物之间的分离，可以获得高质量的精矿。该浮选流程主要用于金属矿物种类较多、含量较高、脉石矿较少的粗粒浸染的富矿石。对于含大量硫化矿的致密块状硫化矿石也适宜用该流程。虽然不论生产能力或原矿性质是否复杂，都经常采用该流程，但是对于生产能力小的选矿厂更适合用直接优先浮选流程。

（二）混合浮选流程

先将矿石中全部有用矿物一起浮出得到混合精矿，然后再将混合精矿依次分选出各种有用矿物的流程称为混合浮选流程（见图3-2）。这种流程适应原矿中硫化矿物总含量不高，硫化矿物之间共生密切，结构复杂、嵌布粒度细的矿石，它能简化工艺、减少矿物过粉碎，从而有利于分选。前苏联阿尔玛克铅锌矿选厂采用这种流程，获得比优先浮选流程更高的经济技术指标，铅精矿品位提高10%，锌精矿品位提高4.5%，矿石的综合利用率从75.4%提高到83.7%，劳动生产率提高一倍，中国青城子铅锌选厂、小铁山铜矿选厂生产流程也属于此类。该浮选流程适合

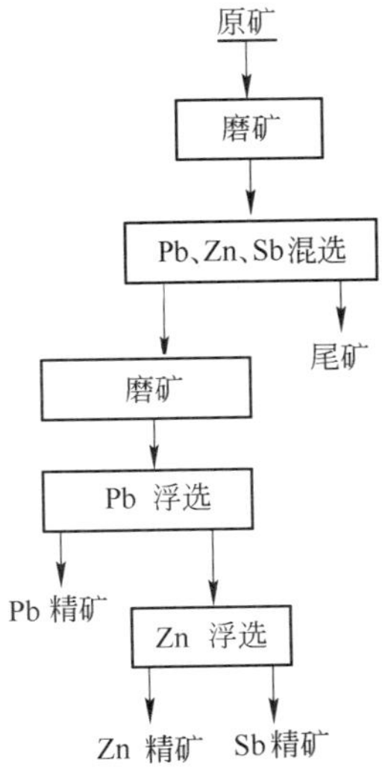

图3-2　混合浮选流程

于选别比较贫的矿石和有用矿物呈集合体或致密共生的矿石。必须将矿石磨至有用矿物集合体与脉石分离的程度，然后进行浮选，有用矿物进入泡沫产品，称为“混合精矿”，混合精矿再分离，可以获得单一精矿。

该流程的优点是：原矿可以粗磨，及早丢弃大量尾矿；可以减少磨矿及浮选的设备和投资；可以在分离作业节省药剂用量。若产品方案是铅锌混合精矿，则混合浮选流程可能获得比直接优先浮选流程更高的回收率。

该流程的缺点是：由于混合浮选过程使矿物表面带有大量药剂，造成有用矿物之间分离的困难，因此得到高质量精矿比较困难。

部分混合浮选流程是先将矿石中两种有用矿物一起浮出得到混合精矿，然后再将混合精矿分离出单一精矿的流程（见图3-3）。这是生产上应用最广泛的一类流程。当原矿中铜钼、铜铅、铜锌、铅锌之一品位较低时，往往采用这类流程比较经济，中国的桃林、桓仁、天宝山、河三、张公岭、番芬、八家子等铜、铅、锌选厂均采用此类流程。

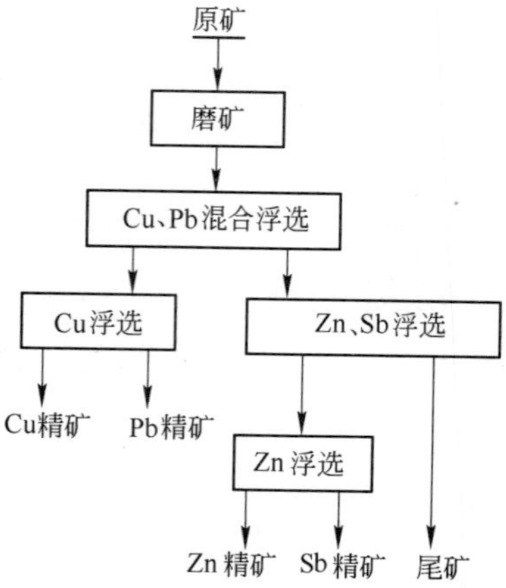

图3-3 部分混合浮选流程

（三）其他浮选流程

随着选矿技术的发展，自20世纪70年代以来在中国铅锌矿选矿实践中相继出现了等可浮选流程（见图 3-4）、粗细分选流程、分支串流浮选流程、异步浮选流程及快速浮选流程等新工艺。这是常规直接浮选和混合浮选的发展。

根据矿石中矿物可浮性的好坏，依次浮选出可浮性好的、中等的以及较差的矿物群，然后再将各混合精矿依次分选出不同有用矿物的流程称为等可浮性浮选流程。这种浮选工艺利用了矿物的自然可浮性，排除了添加大量调整剂而产生的复杂物理化学变化，因此有以下优点：因无过量抑制剂，有用矿物可以充分上浮，有利于提高回收率；因无过量活化剂，有利于分离时提高精矿质量和节省药剂消耗。尤其是当矿石中存在易浮和难浮兼有的锌矿物时，只有用等可浮选工艺才能获得较好的指标，其他浮选工艺都不如等可浮工艺。例如黄沙坪矿以方铅矿、铁闪锌矿、黄铁矿为主的多金属硫化矿石，并且有相当部分的铁闪锌矿与黄铜矿呈乳浊嵌布，矿石含铅 2% ~3.5%、锌 4.5% ~6%、硫 12% ~18%。主要脉石为石英及方解石。矿石中常含有对浮选不利的碳质物，有用矿物的嵌布属中细粒不均匀嵌布，多呈致密共生。该厂自 1967 年投产以来，先后使用过一段磨矿全浮（混合浮选）流程、部分混合浮选流程，效果都不理想，药剂消耗量大，铅锌分离困难，操作

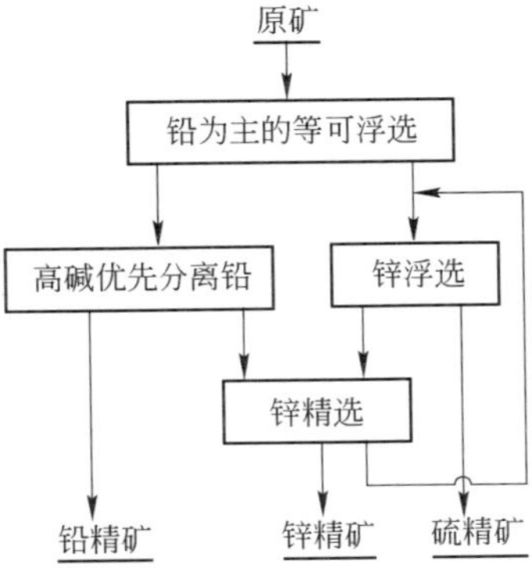

图 3-4　等可浮选—高碱优先分离原则流程

不易控制，部分混合浮选的硫回收率极低。生产实践表明：

（1）在选铅为主的等可浮区，锌的上浮量一般为20%～40%，硫的上浮量一般为50%～60%，这部分自然上浮的锌硫在与铅分离过程中比较容易抑制，为获得优质铅精矿创造了条件，故铅精矿含铅70.74%、锌2.93%、硫16.23%，都比其他浮选流程所得的指标要好。

（2）铅等可浮区铅的作业回收率一般为93%～95%，铅分离作业回收率为95%～97%，锌、硫等浮区的作业回收率为96.5%～97.5%，锌分离作业回收率为95%～97%，致使铅、锌总回收率分别稳定在90%及92%以上。

（3）等可浮选流程的药剂用量比较少，它的药剂费用分别只是部分混合浮选和一段磨矿全浮流程的60%和40%。

分支串流浮选流程是先将原矿浆分为两支或多支，前一支粗选的泡沫与后一支的原矿浆合并粗选，然后又适当地“串联”起来，并配以相应的药方。例如水口山铅锌矿将锌、硫混合浮选系统改为分支串流浮选，即把入选矿浆分为两支，在一排浮选机上实现，取消了中矿再磨作业。得到的好处是：铅、锌回收率分别提高了2.25%和1.13%；铅、锌精矿质量得到提高；降低了药剂消耗；简化了流程，稳定了操作。

异步浮选流程是在等可浮选流程基础上发展起来的，这种流程不像传统的混合浮选让铅、锌一起上浮，而是在同一作业尽力创造两种矿物的适宜浮选条件，但异步浮选又不像铅等可浮选一次让铅全部浮完，而又允许浮游性相等的那部分锌、硫同时上浮，异步浮选是分步骤的在不同作业创造方铅矿与闪锌矿各自的最佳浮选条件，不论在第一步还是第二步都同时上浮铅和锌。铅、锌异步混合浮选流程在第一步保留了等可浮选无调整剂的浮选方法，没有让铅一次浮完，允许浮游性差的方铅矿在二步浮选与被硫酸铜活化的闪锌矿同时上浮。异步浮选流程适用于多金属硫化矿提高伴生金、银回收率或是得到混合精矿产品的要求，可以减少互含损失，提高回收率。

二、氧化锌矿的选矿

原生锌矿床的氧化发生在白云岩环境中，这就使得锌矿物具有碳酸盐特性。另外，与锌氧化矿伴生的脉石通常是碱性的，其中主要是碳酸盐脉石，其次是硫酸盐、易浮硅酸盐等。

（一）CH 基和 SH 基捕收剂直接浮选工艺

高登和盖蒂先后用硫醇对菱锌矿和异极矿进行了浮选试验，证明硫醇对此两种矿物的捕收均有效，效果与铜、铅氧化物相似。但硫醇具有异臭，药量也大，没能大量生产，在工业实践中也没能得到稳定的结果。采用巯基羧酸捕收剂工艺具有下列特点：

（1）流程中排除了脱泥作业。

（2）应用浮选前的选择性絮凝。

（3）Na_2S 耗量低。

通常使用的机械脱泥作业，锌金属在细泥中的损失达锌金属的 20% ~40%。而上述流程中采用选择性分散絮凝的工艺，排除了脱泥作业，从而不仅简化了流程，更重要的是改善了锌的回收率。

采用的分散剂有碳酸钠、硅酸钠、焦磷酸钠、焦磷酸钾和焦磷酸等，耗量一般在0.14～0.23kg/t，采用的絮凝剂有碱性淀粉（4g淀粉、1L水和1g NaOH的混合物）或碱性木薯粉（配方同碱性淀粉），一般耗量在0.14～0.23kg/t，上述混合物需在70～90℃条件下加温半个小时。选择性絮凝的过程是在浮选前最后一个低转速搅拌槽中完成的搅拌时间为2～20min，以保证絮凝物的粒径比絮凝前矿粒增大100%～1000%。絮凝后的矿浆随即进入粗选槽，依次添加起泡剂（6～8碳的醇类或聚丙二醇、松油，0.14～0.23kg/t）、Na_2S（0.45～0.90kg/t）、$4M_2AMP$（0.45～0.90kg/t）和塔尔油与2号燃料油的混合物（2∶1，0.34～0.11kg/t）。当原矿含锌为17.7%～24%，锌粗精矿品位为28.7%～39.6%，回收率为61.5%～76.3%。

闭路试验的指标：原矿含锌16.63%和23.71%，锌精矿品位分别为42.90%和44.13%，回收率分别为90.60%和87.42%。

如从流程中排除选择性絮凝作业，增加脱泥作业，当原矿含锌17.6%时，锌粗精矿品位为28.0%，回收率为61.1%。不难看出，应用选择性絮凝工艺，无论对锌精矿的品位或是回收率都有较大幅度的改善。

（二）硫化—胺浮选工艺

氧化锌矿石胺浮选的前提是硫化。可是，菱锌矿是很难硫化的矿物。据报道采用热化学处理的方法，即将氧化锌矿石用元素硫或 FeS_2 分别在 400～500℃和 500℃条件下进行焙烧处理，提高硫化效率，为浮选指标的提高创造了有利条件。前苏联学者安德烈和米特罗方诺夫等人指出，将矿浆加温至 50～60℃，用 Na_2S 成功地对菱锌矿和异极矿进行了硫化，同时指出，用 Na_2S 作硫化剂也同样取得了满意的效果。硫化钠浓度过高对菱锌矿也起抑制作用，因此，必须限制硫化的程度。一系列的研究表明，采用胺类捕收剂浮选硫化后的氧化锌矿石的最佳 pH 值对菱锌矿、水锌矿为 10.5，对异极矿、硅锌矿为 11.6。此法不仅使菱锌矿、异极矿很快浮游，同时也适用于硅锌矿和水锌矿。

氧化锌矿物胺浮选的主要缺点有：对矿泥和溶盐敏感；不宜于处理含有大量云母、绢云母、绿泥石页岩或碳质页岩的矿石。

云母、绢云母和绿泥石页岩或碳质页岩等脉石矿物，由于大量吸附阳离子捕收剂，在 pH 值为 10.7～11.2 的条件下，与氧化锌矿物一起浮游，在这种情况下，即使添加各种抑制剂，效果也并不明显，这样，使精矿遇到严重污染，大幅度降低了精矿的质量。目前，解决上述问题的措施是反浮选，即将被上述脉石矿物污染的氧化锌粗精矿，在 pH = 7 时，用淀粉抑制氧化锌矿物，这样可以有效地将易浮脉石排除到泡沫产品中。锌作业回收率高达 88%，锌精矿品位由 20.6% 提高到 36.0%。

目前，硫化—胺浮选工艺处理氧化铅锌矿石已被南部意大利、法国及东欧各国所采用。

（三）硫化—活化—黄药浮选工艺

先将氧化锌矿进行硫化，硫化后的氧化锌矿物经 $CuSO_4$ 活化后再进行黄药浮选。达维斯和米特罗方诺夫等人对氧化锌矿物硫化后活化—浮选做了许多工作，确定了矿浆加温 50～60℃有助于锌矿物硫化和黄药的吸附。

意大利北部戈尔诺（Gorno）选厂将铅浮选尾矿的 pH 值调至 11，并加温到 45～50℃，把菱锌矿和异极矿硫化，而后用 $CuSO_4$ 活化、戊基黄药捕收氧化锌成精矿。该厂原矿 Zn 品位为 8.5%，精矿 Zn 品位为 38.9%，氧化锌回收率为 76.43%。

然而硫化—活化—黄药浮选氧化锌矿物的工艺对于含黏土和氧化铁高的矿石不能获得良好的效果。

三、难选锌矿的化学选矿

（一）氧化酸浸法处理浮选铜锌混合精矿

对于那些难选铜锌铅复杂硫化矿可采用氧压酸浸法进行全湿法处理。20 世纪 60 年代，国外开始研究氧压酸浸法，80 年代应用于锌精矿的处理，生产出电锌。氧压酸浸法的金属回收率高，可避免二氧化硫的污染，投资比焙烧—浸出—电积经典流程降低 25%，并且可处理低品位精矿及复杂矿，因而具有良好的应用前景。

（二）铅、锑、锌等多金属硫化矿的化学处理工艺

中国有相当丰富的铅、锑、锌等多金属硫化矿资源，共

生的矿石是其中一种重要的类型，主要分布于广西、江西一带。对于这种矿石的处理，仅用选矿工艺难以有效地分离和综合利用。选矿、冶金联合工艺是处理复杂多金属矿的一个重要发展方向，选冶联合处理不但提高了矿石的综合利用率，而且可以得到加工程度深的产品，大大提高了矿山的经济效益。

第三节　主要设备

选矿过程及涉及的主要设备（见图3-5）简要介绍如下。

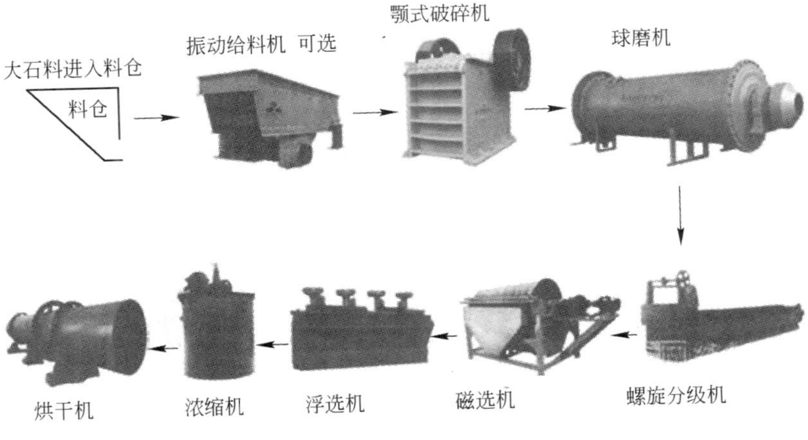

图3-5　选矿过程及主要设备

一、破碎设备

破碎设备是指能把来自井下或露天开采的大块矿石破碎

到适合于下一工序要求粒级的设备。主要的破碎设备有：

（1）颚式破碎机。颚式破碎机既可以用于粗碎作业，也可以用于中、细碎作业，特别是用于井下破碎作业和中、小型移动破碎装置。主要有：简摆型颚式破碎机、复摆型颚式破碎机、综合摆动型颚式破碎机、冲击颚式破碎机。

（2）旋回破碎机。旋回破碎机被广泛应用于大、中型选矿厂和大型采石场中，用于粗碎各种硬度岩矿物料。主要有：普通型旋回破碎机、液压旋回式破碎机、颚旋式旋回破碎机。

（3）圆锥破碎机。圆锥破碎机适用于对硬度岩矿物料的中、细和超细破碎。圆锥破碎机按其破碎腔形状不同可分为：标准型圆锥破碎机、中间型圆锥破碎机、短头型圆锥破碎机。

（4）冲击作用破碎机。冲击作业破碎机主要用于中等硬度或软物料的中、细碎。主要有：锤式破碎机、反击式破碎机、笼形破碎机。

二、筛分设备

筛分设备主要有：

（1）固定筛。固定筛分为固定格筛和固定细筛。固定格筛常用于矿石粗、中碎前的预先筛分。固定格筛有两种形式，一种是格条刚性固定筛，另一种是悬臂格筛，此外还有筛孔向排料端逐渐增大的筛子。固定细筛常用作细粒物料湿式分级。

（2）滚轴筛。滚轴筛常用于粗粒物料的筛分作业中。该设备可用作洗矿机或给料机。它分为圆盘滚轴筛和异形盘滚轴筛。

（3）筒筛。筒筛常用在重选厂作洗矿脱泥用，或用作中、细物料的分级筛分。它按工作表面可分为：圆柱形筒筛、圆锥形筒筛、角柱形筒筛、角锥形筒筛。

（4）振动筛。振动筛按其结构、作用原理及作用可分为：惯性振动筛子、自定中心振动筛、重型振动筛、圆振动筛、单轴振动筛、双轴振动筛、直线振动筛、共振动筛。

（5）弧形筛。弧形筛是一种湿式细粒筛分设备，可用于跳汰、摇床等选别作业的预筛，水力旋流器沉砂或溢流的脱水，与磨矿机组成闭路作为分级设备，以及重介质选矿的脱介等。

三、磨矿设备

磨矿设备把破碎后的矿石磨细至适合选别要求粒级的设备。此种设备主要有：

（1）球磨机。它以钢球为磨矿介质，可用于开路或闭路流程中对物料进行干磨或湿磨。这种设备又可分为格子型和溢流型两种。

（2）棒磨机。它以长圆钢棒为磨矿介质，能有效防止过粉碎。

（3）自磨机。也称为无介质磨机，它分为干式自磨和湿式自磨两种。

（4）砾磨机。

四、分级设备

当矿石磨细后，能及时把那些已符合细度要求的矿粒分离出来的设备即为分级设备。常用的闭路磨矿浮选流程主要分级设备有：螺旋分级机（它可分为高堰式螺旋分级机、低堰式螺旋分级机和沉没式螺旋分级机三种）、水力旋流器、耙式分级机、浮槽分级机、筛子、卧式离心分级机。

五、浮选设备

浮选设备主要包括：

（1）机械搅拌式浮选机。这一类浮选机借助于浮选槽下部的叶轮或回转子的高速旋转实现矿浆的混合搅拌并充入空气。主要有：XJK、SF、BF、XJ、JJF 等型号浮选机。

（2）充（压）气式浮选机。它根据压入空气方式的不同可分为：气升式浮选机、浮选柱。

六、其他辅助设备

其他辅助设备有：

（1）胶带输送机。胶带输送机主要用于输送各种块状、粒状等散状物料。TD75 型带式输送机的带宽有：500mm、650mm、800mm、1000mm、1200mm 和 1400mm 六种。带式输送机所选用的输送带有橡胶带和塑料带两种。

（2）给矿机。选矿厂所选用的给矿机根据其工作机构的运动特性，可分为：连续动作的：板式给矿机、带式给矿机、链式给矿机；往复动作的：槽式给矿机、摆式给矿机、振动式给矿机；回转动作的：圆盘式给矿机、滚筒式给矿机。

（3）矿仓。矿仓主要用于接受、分配及储存矿石。按形式可分为：地下式、半地下式、地面式、高架式、抓斗式、斜坡式。按几何形状可分为：圆形、矩形、槽形。按其作用可分为：原矿受矿仓、原矿及中间储备矿仓、缓冲及分配矿仓、磨矿矿仓、产品矿仓。

（4）砂泵。在选矿厂中砂泵主要用于输送矿浆。常用的砂泵可分为：PS 型砂泵、PH 型砂泵、PNJ 和 PNJF 型衬胶砂泵、PW 型砂泵、立式砂泵、油隔离矿浆泵。

此外，还有浓缩设备、过滤设备、干燥设备、其他脱水设备。

第四节　中国典型铅锌矿山

一、凡口铅锌矿

凡口铅锌矿是中国主要铅锌产地之一，位于广东省仁化县。1963 年进行地质勘探，1965 年开始建设。该矿储量较大、品位较高，平均含铅 5.47%、锌 11.12%、硫 37.02%，并伴生有银、锗、镓、镉、汞等成分。

凡口铅锌选厂年处理原矿 150 万～165 万吨，主要产品为高铅精矿、高锌精矿、铅锌混合精矿和硫精矿，年产铅、锌金属16.5万～18万吨，标准硫精矿（折合）55万～70万吨。

凡口铅锌矿石主要为复杂致密状硫化铅锌矿，黄铁矿含量高达45%，方铅矿、闪锌矿、黄铁矿嵌布粒度粗细不均，结构复杂，粒度小于0.074mm的分别占35%、17%和49%，小于0.02mm的占16%、4%和8%。

如何高效获得铅、锌金属高回收率以及伴生银的综合回收，一直是中国矿物加工研究者重点研究的课题。铅锌主金属矿物的粗细不均匀嵌布是其重要特征，在工业生产上存在单一优先流程长、连生体浮游速度慢、分离效率低的问题。

根据对矿石性质和矿物浮选特性的研究，采用“和谐”的理念和原则，充分利用矿石中矿物的固有特性和可浮性关系、不强制简单处理，让已经快速上浮的“易选快浮”单体方铅矿、闪锌矿不再磨产出大部分铅精矿和锌精矿，使铅回路和锌回路的“难选慢浮”中矿合并强化处理，铅锌浮选尾矿脱水后浮选产出硫化铁精矿和最终尾矿，研究开发出高效、快速、和谐的处理技术和流程，并实现节能减排，对环境和谐。图3-6所示为复杂铅锌铁硫化矿和谐矿物加工技术（FKNSP）工艺总体技术方案。

FKNSP工艺的主要技术特点是原矿适当细磨，用少量浮选机将大部分质优、易浮的铅、锌矿物优先快速分选出来，获得高质量的铅精矿和锌精矿，减少已解离矿物的过磨和作业循环量，铅、锌难选中矿集中处理，经强化细磨后生产铅

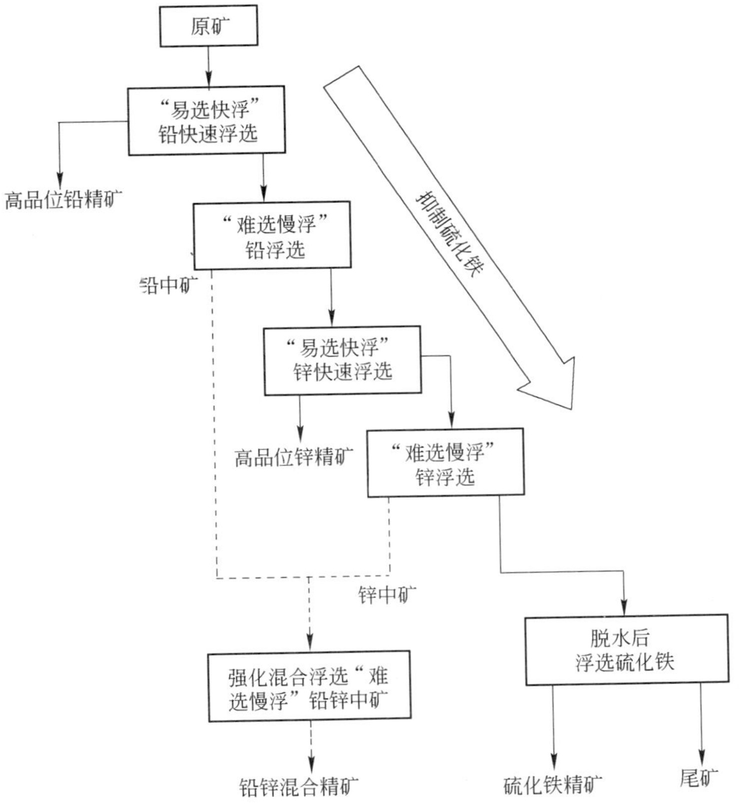

图 3-6 复杂铅锌铁硫化矿的和谐矿物加工技术（FKNSP）的总体技术方案

锌混合精矿。FKNSP 工艺有效地贯彻了阶段磨矿、阶段选别、能出、早出、快出的技术思想，具有技术先进、流程结构简单、环境污染少、矿石适应性强等优点，在节能降耗、减少金属流失、降低铅锌互含、提高综合回收率和系统处理能力等方面均有显著的优势，新工艺综合效益显著。

二、黄沙坪铅锌矿

黄沙坪铅锌矿矿区位于湖南桂阳县城西南8km处，属中深条件下的高温到中温热液矿床，矿床工业类型属碳酸岩中的裂隙充填和交代矿床。矿体多产于火成岩和石灰岩的接触带附近或破碎带中，在火成岩、灰岩、砂页岩中均有存在，但主要富集在灰岩中，矿石构造以致密块状为主，其次为浸染状、角砾状、细脉状和条带状。矿石中主要有用矿物有方铅矿、铁闪锌矿、黄铁矿、黄铜矿和锡石等，脉石矿物为石英、方解石、萤石、云母和绿泥石等，金属矿物组成按其含量多少依次为黄铁矿、铁闪锌矿、方铅矿、纤维锌矿、黄铜矿、白铁矿、斜方砷铁矿、毒砂、磁黄铁矿、铅矾、孔雀石和锡石及黝锡矿等，此外，还伴有少量的辉铋矿、辉铜矿、辉银矿、金及伴生镓、铟、锗、镉、硒、碲等稀散元素，矿石嵌布特性属中细粒不均匀嵌布，有用矿物之间共生密切。原矿多元素化学分析结果见表3-1。

表3-1 原矿多元素分析结果 （%）

元素	Pb	Zn	S	Ag	Cu	SiO_2
含量	3.26	6.68	18.82	64g/t	0.14	18.96
元素	Al_2O_3	Sn	Mn	Fe	As	MgO
含量	3.32	0.14	1.5	15.4	0.26	3.05
元素	CuO	Sb	C	Bi	Au	TiO_2
含量	12.09	0.06	3.81	0.02	0.19g/t	0.1

矿石物质成分研究表明，锌矿物以铁闪锌矿为主（含铁

高达15.4%），铅矿物氧化率高，是影响铅回收率和锌质量提高的主要原因。

黄沙坪铅锌矿各种原则流程生产指标见表3-2。

表3-2　黄沙坪铅锌矿各种原则流程生产指标　（%）

工艺名称	生产日期	原矿品位			铅精矿		锌精矿		硫精矿	
		Pb	Zn	S	品位	回收率	品位	回收率	品位	回收率
一段磨矿等可浮	1997年1月~1998年12月	3.97	6.21	15.94	71.32	91.57	44.53	91.41	36.78	53.83
一段磨矿等可浮尾矿锌优浮	1999年1月~2000年6月	3.78	6.98	18.98	71.58	90.59	44.99	91.45	42.53	33.91
全部优先浮选	2002年1~8月	3.35	7.06		71.76	91.33	45.76	91.95		

为满足提高资源综合利用水平和延长矿山服务年限的需要，黄沙坪铅锌矿选矿厂实施工艺流程和设备设施改造，改造前和改造后流程如图3-7和图3-8所示。

三、南京银茂铅锌矿

南京银茂铅锌矿始建于1957年11月，目前属西部资源控股。地处栖霞风景区，与佛教圣地栖霞寺等全国重点文物仅一街之隔，是华东地区最大的铅、锌有色金属矿山，已探明和经批准开采的铅锌地质储量近2000万吨，并伴生Au、

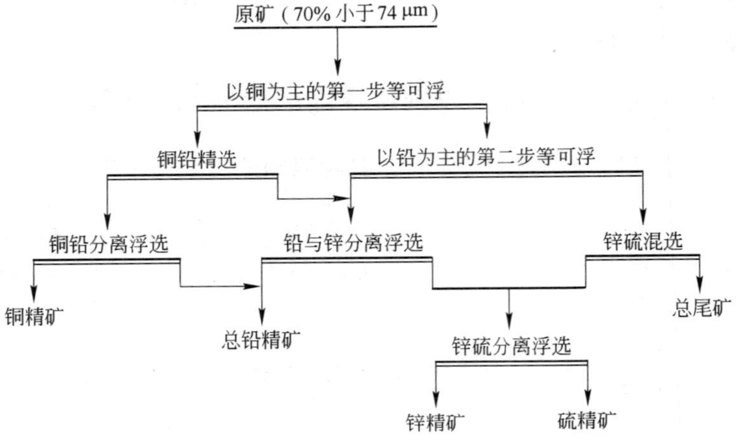

图 3-7　改造前的工艺原则流程

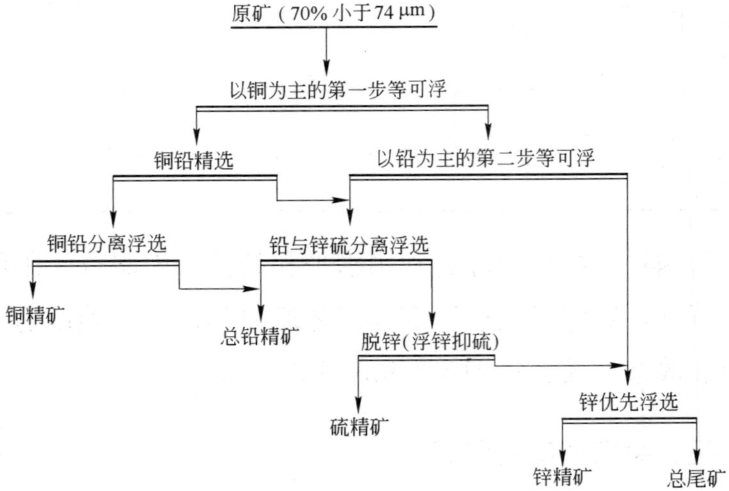

图 3-8　改造后的工艺原则流程

Ag、S、Fe、Mn、Cu 等有价元素，属典型的铅锌多金属矿。矿山目前采选生产能力为 35 万吨/年，主要产品为铅精矿、锌精矿、硫精矿、锰精矿。采用全尾砂胶结充填和废石充填工艺，实现了尾砂与废石零排放，成为中国第一座无废石场和无尾矿库的无废开采矿山。目前已做到铅、锌、硫、银、锰、铜、金等有价元素高效综合利用、“废石、尾矿、废水”实现了无排放、资源化利用。

自20世纪90年代开始，围绕资源高效利用、矿山废弃物处置、矿山开发与环境保护和谐发展、深化企业内部管理等绿色矿山建设内容开展了一系列产、学、研联合攻关。将采、选工艺与尾矿、废石、废水资源化处理利用工艺有机融合，创新研发与应用了具有适用性强、资源综合回收率高、环境友好的——上向水平分层胶结充填采矿法、全尾砂高浓度充填技术、铅锌硫化矿分流分速分步调控浮选的精细选矿技术、铅锌硫化矿选矿废水循环利用法、铅锌硫化矿高浓度节能环保选矿方法等绿色开发技术。彻底改变传统的矿产资源开发方式，率先建成铅锌多金属资源高效开发与综合利用示范矿山，实现了选矿废水、尾矿和采掘废石的资源化利用，建成了首座无地表破坏、无尾矿库、无废石场、无废水排放的多金属矿山，消除了矿山开发对环境的污染，杜绝了尾矿库溃坝及废石场泥石流等安全隐患，还有效解决了矿山产量低和采选指标差的技术瓶颈，取得了显著的经济和社会环境效益，使地下资源开发与矿区生态环境保护达到和谐统一。

（一）上向水平分层胶结充填采矿工艺技术的应用

南京栖霞山铅锌矿属于典型的三下开采矿山，上方不仅有居民住宅和办公楼等建筑物，还有道路、河流以及风景区森林、栖霞寺等诸多景点。矿山建矿初期为露采氧化锰矿，1970 年转入地下开采铅锌矿，目前采矿规模 1100 吨/日，开采深度为 -625m。20 世纪 80 年代前采矿采用的是中深孔空场法采矿，由于采矿后空区面积大、地表垮塌和破坏时有发生，已严重威胁到地表安全和矿山生存，80 年代后期，在与长沙矿山研究院的共同努力下，将中深孔空场法采矿方法改为上向水平分层胶结充填采矿工艺，2000 年以后并对部分富矿段采用盘区上向梯层充填采矿方法，不仅消除了对地表的垮塌和破坏，保护了栖霞山风景区及建筑物、道路、河流，并有效提高了采矿回收率。

（二）全尾砂胶结充填技术的研究与应用

南京栖霞山铅锌矿在建矿初期就没有设计尾矿库，也没有地方建尾矿库，在 1988 年前选矿尾矿和废水全部排长江，给环境造成了严重污染。同时，南京栖霞山铅锌矿上向水平分层胶结充填采矿工艺在使用初期采用的充填料为江砂和粗颗粒尾砂加水泥充填。针对购买江砂成本高，细颗粒尾砂老空区充填结束后没有去处的问题，公司又与长沙矿山研究院合作开展了全尾砂胶结充填技术的研究，将尾砂充填浓度由 55% 提高到 68% ~72%，不仅满足了采矿对充填体强度的要求，而且每年省去了江砂购买成本 200 多万元、让绝大部分尾矿有了去处，将尾砂作充填料，实现了资源化利用。

（三）充填多余尾砂做建筑材料的研究与应用

在老空区充填结束后，针对尾砂在新的采矿空区充填存在多余的问题，2001 年开始进行了充填多余尾砂做建筑材料的研究。研究表明，栖霞山铅锌矿选矿产出的尾砂不仅能做水泥而且能用于制砖，用尾矿替代部分溶剂矿物原料配制生料所生产的水泥熟料质量不仅能够符合水泥质量要求，而且熟料强度略有提高，因此用尾矿替代部分原料生产优质水泥熟料是可行的。因尾矿粒度较细，掺入后水泥生产过程的破碎、磨矿成本会降低，更重要的是由于尾矿中含有适量的铁元素等，不但使水泥的强度提高，也降低了水泥生产的原料成本及煤耗、电耗，从而降低了水泥生产成本，用尾砂加水泥等制免烧砖，砖的强度及砖浸泡后的重金属浸出含量均符合建材和环保要求，受到了用户的好评。10 多年来通过尾砂做建筑材料彻底解决了尾砂的多余问题，实现了尾砂的全部资源化利用。

（四）废石不出窿用于采场充填

矿山每年采掘废石约 4 万吨，过去均需运输到地表外堆，再寻找去路，不仅污染地表，产生粉尘，占用土地，而且运输费用也高。2005 年开始通过采掘废石不出窿 100% 直接充填采场，再用尾砂加水泥灌实充填体和浇面，不仅充填速度快，充填体质量有保障，而且还让出时间提升矿石，每年提高出矿产量 3 万吨，降低废石运输成本近百万元，最终实现了废石零排放，矿山不建废石场。

（五）开发应用多金属矿选矿废水无排放快速分质循环利用技术

针对铅浮选、锌浮选和硫浮选作业各自药剂种类不同，浮选废水无法直接回用的特点，发明了具有自主知识产权的铅锌硫化矿选矿废水循环利用法，即将磨矿分级溢流浓密水直接回用于磨矿分级和选铅、锌浮选尾矿浓密水直接回用于选锌、尾矿浓密水直接回用于选硫和锰磁选各相应作业。充分利用各自回水作为各作业段母液的矿浆化学条件，避免废水混合回用时的离子干扰，从源头上解决了废水成分复杂、剩余药剂浓度高、金属离子含量多、难以回用的难题，使70%选矿废水实现了直接回用，不仅不影响指标，而且使废水中的药剂得到重复资源化利用，降低了药耗15%，如起泡剂用量由125g/t降低到10g/t，石灰、硫酸铜等用量也显著降低，大大减少了后续废水净化处理量和成本，为实现废水零排放创造了条件。

针对流程中剩余的混合选矿废水直接回用影响选矿指标的问题，创新开发出混凝沉淀+活性炭吸附选矿废水处理技术，发明了铅锌硫化矿选矿废水循环利用法，将废水中对选铅有害的铜、铅、锌等重金属离子和固体悬浮物沉淀去除，有用成分予以保留，多余有机捕收剂如黄药用活性炭吸附，满足了选铅工艺要求，并对废水处理沉淀物返回流程进一步回收利用，避免了金属流失。处理出水：SS小于8mg/L，铜铅锌重金属浓度均小于1mg/L，废水COD_{Cr}下降141mg/L，废水处理药剂成本仅0.64元/t。

选矿每吨原矿新鲜水用量从6t下降到0.25t，节省新鲜水95%以上。仅溶药用水和少量补充水为新鲜水，其余用水全部为回用的废水，实现了选矿过程废水无排放、全部资源化利用。每年节省新鲜水和减少废水排放各200万吨。

（六）开发应用铅锌多金属矿高效回收新技术

针对复杂多金属铅锌硫化矿普遍存在分离难度大、工艺复杂、有价伴生元素多、资源利用率低并且必须100%应用回水的难题，根据铅、锌硫化矿和黄铁矿浮游特性与浮选动力学的差异，发明了铅锌硫化矿分流分速高浓度分步调控浮选新技术，并开发成功了高品位硫精矿烧渣收铁、浮选尾矿磁选回收锰等一整套综合回收新技术，显著提高了共伴生铅、锌、金、银、硫、铁、锰、铜等有价元素综合回收率，大大降低了尾矿中重金属的含量，为尾矿的资源化利用和处置创造了条件，在铅锌多金属矿综合利用技术方面取得重大突破。项目技术应用前后选矿回收率指标对比见表3-3。

表3-3　项目技术应用前后选矿回收率指标对比

有价元素名称	铅	锌	金	银	硫	铁	锰	铜	金银硫铁锰铜综合
项目技术应用前回收率/%	85.9	87	18.22	64.78	88.32	0	0	0	28.55
项目技术应用后回收率/%	90.4	91.9	85.75	86.77	96.94	88.18	65.0	66.08	81.45
回收率提高/百分点	4.5	4.9	67.53	21.99	8.62	88.18	65.0	66.08	52.90

通过对主工艺的精细化创新技术，实现了矿石中有价元素的全部高效综合回收，使最终尾矿的主要矿物成分适于进

行资源化利用，最终尾矿的70%用作了井下胶结充填料，30%用作了制作水泥和免烧砖，消除了常规选矿尾矿中存在的二次污染问题，最终实现了矿山固废的资源化利用和真正意义上的“零排放”。

（七）矿山井下外排水的综合利用

公司每天1200t的矿井水除用于选矿工艺、采矿场尾矿充填、公司的绿化、冲厕、路面洒水等外，还根据栖霞山园林的需求将每天剩余的矿井水用于栖霞山园林明镜湖、月牙湖、桃花湖等园林景观用水。根据公司对井下水水质的检测，井下水水质满足地表水环境质量标准Ⅳ类标准，既解决了栖霞山园林景观缺水的问题，又解决了多余井下水的去路，实现了井下水的综合利用，并探索出矿山生产与景区和谐共处的发展道路。

第四篇

锌的冶炼技术与装备

第一章　概　　述

现代炼锌方法分为火法炼锌与湿法炼锌两大类，以湿法冶炼为主。按通常的概念，两种方法最根本的区别在于获得金属态锌的体系和过程不同。锌冶炼原则工艺流程如图 4-1 所示。

中国是世界锌冶炼工艺最全的国家。目前，中国火法炼锌产能占锌冶炼工艺总产能的比例不到 10%。中国是世界上唯一保存竖罐炼锌的国家。葫芦岛、东岭在企业技术改造中对蒸馏、精馏技术和塔盘、旋涡炉处理蒸馏渣等一系列的技术进行不断探索和改进，形成了具有中国特色的竖罐炼锌技术。中金岭南韶关冶炼厂铅锌密闭鼓风炉工艺（ISP），经过一系列改造，各项技术经济指标有很大改善。我国湿法炼锌工艺在深度净化、热酸浸出、除铁、浸出渣处理工艺、锌粉制备、氧化锌高效脱氟氯等技术上都取得了重大进展，使锌冶炼总回收率不断提高。在设备大型化、机械化方面，中国有多家企业 10 万吨冶炼系统采用 $109m^2$ 的沸腾焙烧炉，

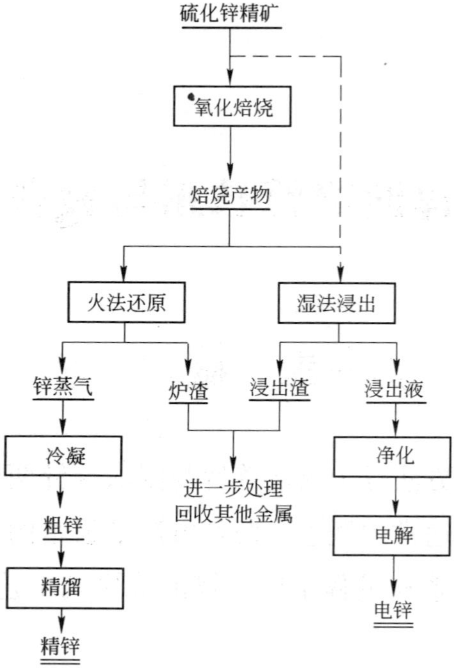

图 4-1 锌冶炼原则工艺流程

驰宏锌锗曲靖冶炼厂、株冶集团、中金岭南丹霞冶炼厂引进大极板电解槽、自动剥锌机等先进设备，标志中国湿法炼锌技术向国际先进水平迈进。中国又引进世界先进水平的全湿法炼锌工艺，中金岭南引进加拿大的氧压浸出工艺，株冶集团引进芬兰常压浸出工艺先后投入生产。云南冶金集团在国内成功开发了铁闪锌矿氧压浸出新工艺，开始用于规模化生产；云南祥云飞龙公司在湿法萃取炼锌工艺处理低品位氧化矿和复杂锌二次物料基础上，采用“回转窑头富氧喷吹技术”年处理30万吨氧化矿浸出渣，提高了复杂低品位氧化矿的资源综合利用水平，大大降低了氧化锌矿湿法冶炼浸出渣对环境可能造成的风险和压力，对中国锌湿法冶炼发展循环经济具有积极作用，被工信部列为新型工业化示范项目基地。随着国内湿法项目不断投产，锌冶炼工艺组成发生了较大变化，当前锌冶炼工艺占比情况见表4-1。

表4-1　锌冶炼工艺占比情况

工　艺	火　法		湿　法		
	竖罐	ISP	常规法	热酸浸出	全湿法
产能/万吨	30	30	320	200	70
占比/%	4.6	4.6	49.2	30.8	10.8

第二章　火 法 炼 锌

火法炼锌，包括焙烧、还原蒸馏和精炼三个主要过程。首先将锌精矿进行氧化焙烧或烧结焙烧，使精矿中的ZnS变为ZnO，以便为碳质还原剂所还原。由于锌的沸点较低，在高于其沸点温度下还原出来的锌将呈蒸气状态从炉料中挥发出来，这样，锌便与炉料中其他组分分离。锌蒸气随炉气一道进入冷凝器，在冷凝器内冷凝成液体锌。与锌呈蒸气状态进入气相的还有其他易挥发的杂质金属，如镉和铅，这些元素会影响锌的纯度，须将冷凝所得的粗锌进行精炼。火法炼锌的精炼方法是利用锌和杂质金属的沸点不同，采用蒸馏的方法来提纯的，称为锌精馏。将精馏锌浇铸成锭，得到纯度在 99.99% 以上的精锌。

火法炼锌主要方法有平罐炼锌、竖罐炼锌、密闭鼓风炉炼锌及电热法炼锌。平罐炼锌和竖罐炼锌都是间接加热，存在能耗高、对原料的适应性差等问题，平罐炼锌几乎被淘汰。电热法炼锌虽然直接加热，但不产生燃烧气体，也存在生产能力小、能耗高、锌的直收率低的问题，因此发展前途不大。密闭鼓风炉炼锌由于具有能处理铅锌复合精矿及含锌氧化物料，在同一座鼓风炉中可生产出铅、锌两种不同的金属，采用燃料直接加热，能量利用率高的优点，是目前主要的火法炼锌方法。本书重点介绍竖罐炼锌和密闭鼓风炉炼锌。火法炼锌的一般原则工艺流程如图 4-2 所示。

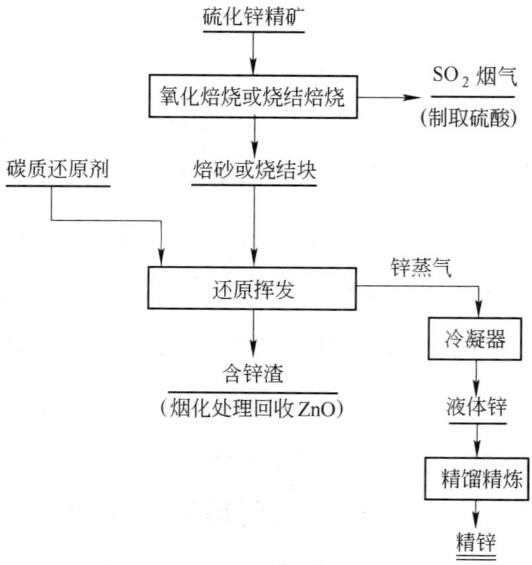

图 4-2　火法炼锌的一般原则工艺流程

第一节 竖罐炼锌

一、竖罐炼锌的现状

竖罐炼锌法的第一座炼锌厂投产于1929年，由美国New Jersey公司建设。竖罐炼锌技术诞生以后，在欧美国家一度发展较快。到20世纪60年代末达到鼎盛时期，年产量达当时世界年总产量的14%。70年代中期以后，受西方世界能源危机的影响，以及当时环保技术水平的制约，生产能力逐渐萎缩。

我国的竖罐炼锌技术在新中国成立后在葫芦岛锌厂得到了快速发展。特别是到20世纪80年代末期，技术水平更加完备，其总体技术水平已远远超过西方国家竖罐炼锌史上的最好水平。近年来，竖罐炼锌在导热耐火材料、竖罐修补、蒸馏烟气收尘、高温沸腾焙烧过程烟尘处理、蒸馏炉大型化、发生炉煤气生产等方面技术得到不断的提高，使竖罐炼锌生产技术在能耗水平、环保水平和资源利用率上均得到有效提高。

二、工艺流程

竖罐炼锌工艺主要由锌精矿焙烧、制团、焦结、还原蒸馏等工序组成。焦结矿在蒸馏炉顶部加入，经上延部后进入竖罐开始氧化锌的高温还原，还原过程中矿球自上向下运动，还原出来的锌蒸气向上运动，锌蒸气经倾斜部导入飞溅冷凝器，在冷凝器内锌蒸气被转子扬起的锌雨捕集成液体锌，冷凝后的废气（含 CO 68%）经洗涤除尘后导入煤气系统，还原后的渣球由蒸馏炉下延部排出，原则工艺流程如图 4-3 所示。

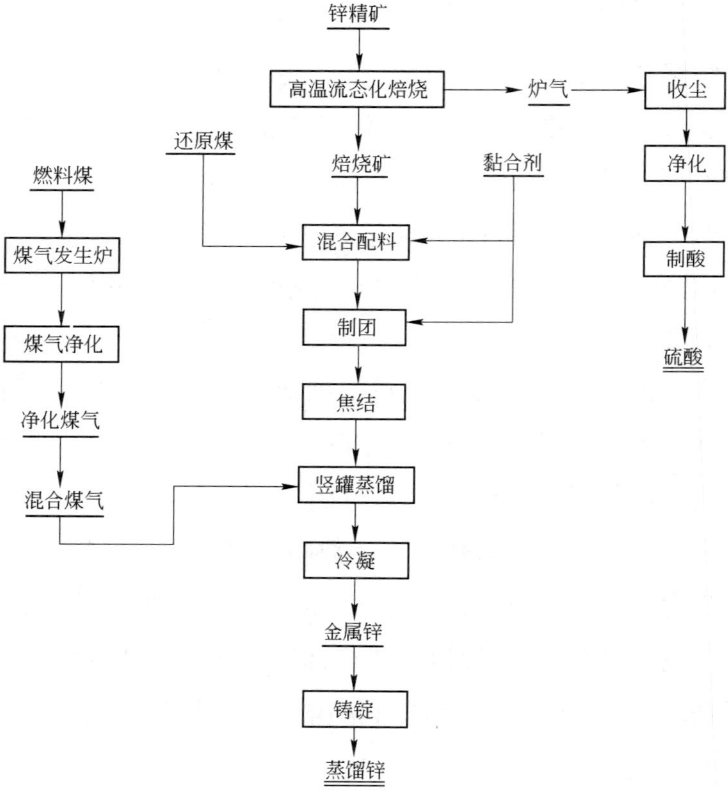

图 4-3 竖罐炼锌原则工艺流程

三、技术特点

竖罐蒸馏炼锌的特点包括：

（1）对原料有较强的适应性，可处理含铁 12% 以下，含二氧化硅 8% 以下的锌精矿。

（2）可以利用廉价煤，并可实现余热回收和余热发电来弥补间接加热的低热效率，能源成本低。

（3）可以有效地回收有价金属。中国已能综合回收铅、铟、镉、铊、汞、银等金属，并将焙烧烟气中的二氧化硫回收制酸，锌和硫的回收率可分别达到 95% 和 93% 以上，也可较好地控制环境污染。

（4）还原蒸馏过程只能直接生产国标 3 ~4 级锌，还要经过精馏过程才可得到各种高纯度锌（含锌 99.99% ~99.997%）。

（5）精馏过程还可引出锌蒸气用于直接生产高纯超细锌粉或氧化锌粉。

（6）需要高导热性的耐火材料——碳化硅砖，故大、中型工厂还应配备生产碳化硅制品的辅助设施。

第二节　密闭鼓风炉炼锌

一、密闭鼓风炉炼锌现状

铅锌密闭鼓风炉炼锌又称帝国熔炼法，简称 ISP 法，最大的特点就是在密闭鼓风炉熔炼过程中同时产出粗铅和粗锌。中国韶关冶炼厂于 20 世纪 60 年代引进 ISP 工艺用于处理凡口铅锌矿，1957 年建成全国第一座能力为年产粗铅锌 5 万吨的密闭鼓风炉，目前国内韶冶、白银有色、陕西东岭和葫芦岛锌业公司共有 5 套 ISP 工艺铅锌生产系统。

二、工艺流程

锌密闭鼓风炉熔炼是用冶金焦炭作还原剂的还原过程，它和铅鼓风炉熔炼相似，又与炼铁高炉熔炼相似，是将氧化锌、氧化铅还原成金属。由于锌的沸点低（907℃），在高温下，锌以蒸气状态挥发出来，而金属铅和炉渣则以液态从炉缸中排出。为了使炉料中的锌尽量被还原，又防止炉料中的铁被还原成金属铁，造成炉缸积铁和放渣困难，整个熔炼过程中控制的还原气氛比炼铅鼓风炉强，比炼铁高炉弱，即炉料中的铁最终只能被还原成氧化亚铁（FeO），进入炉渣。铅锌密闭鼓风炉工艺流程如图 4-4 所示。

三、技术特点

密闭鼓风炉不但适于处理含有锌、铅、铜的复杂矿石，在目前资源利用被足够重视、原料价格不断上涨的情况下，二次物料的利用符合节约资源和清洁生产的要求，这也是 ISP 工艺优势所在。使用二次物料，有利于降低原料成本，增加产量，保护环境，提高金属回收率，促进循环经济的发展。该工艺对二次物料的处理，首先是解决自身工艺流程中所产出的氧化物料，如蓝粉、浮渣、次氧化锌、收尘烟灰等，同时也可以处理高炉烟灰、炼钢电弧炉烟灰、锌中浸渣、铅银残渣、热镀锌灰及其他含铅、锌的氧化物等。

近年来，各 ISP 厂家在降低能耗方面做了大量工作：扩

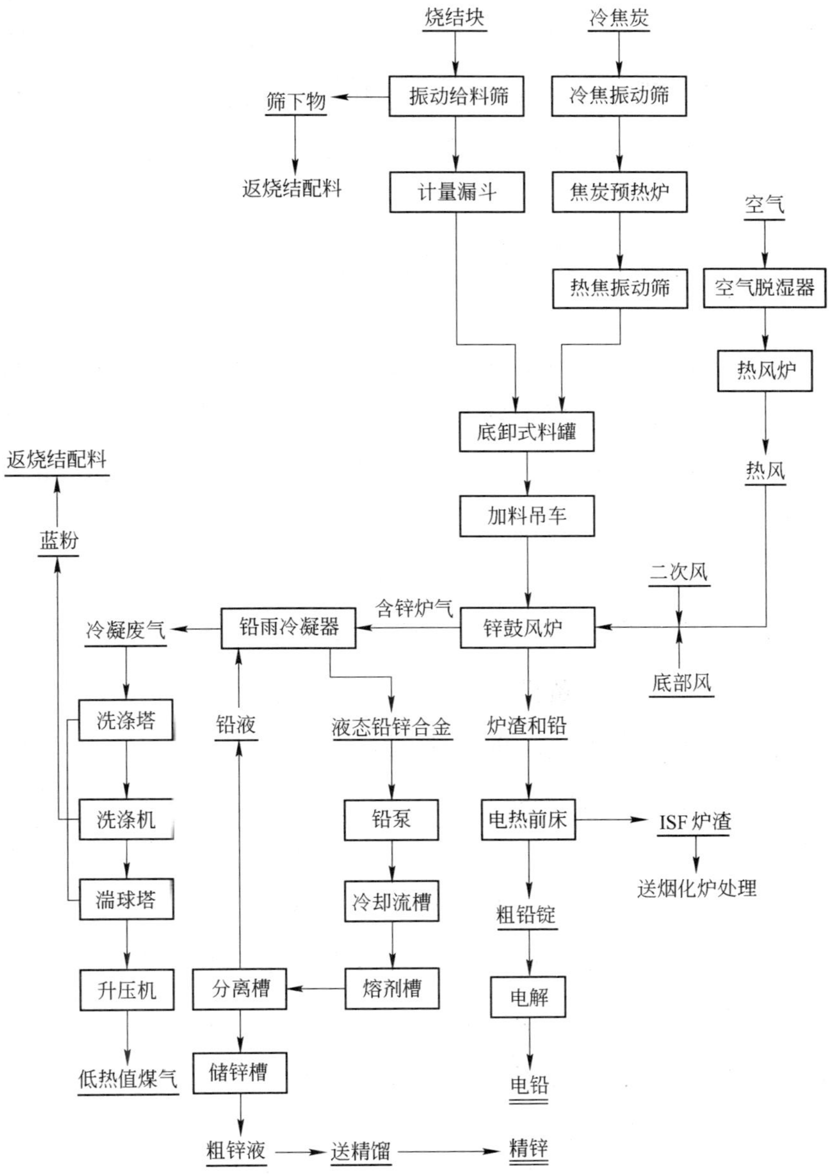

图 4-4 ISP 工艺流程图

大产量降低单耗，提高鼓风炉热风温度降低焦炭单耗，冷却流槽余热发电，利用低热值煤气发电，烟化炉与锅炉一体化，烧结机烟罩余热的利用，精馏塔采用新型塔盘，提高水循环利用率，变频器的使用等，大大降低了 ISP 工艺能耗。

第三章　湿 法 炼 锌

湿法炼锌包括传统的湿法炼锌和全湿法炼锌两类。湿法炼锌由于资源综合利用好、单位能耗相对较低、对环境友好程度高，是锌冶金技术发展的主流。目前，湿法炼锌产量占世界锌总产量的比例超过 80% 。

传统的湿法炼锌实际上是火法与湿法的联合流程，包括焙烧、浸出、净化、电积和制酸 5 个主要过程。湿法炼锌可分为常规浸出法、黄钾铁矾法、针铁矿法、赤铁矿法和硫化锌精矿氧压浸出工艺。前四种工艺都需要进行焙烧，使硫化锌变成易被稀硫酸溶解的氧化锌，焙烧产出的氧化锌焙砂送湿法炼锌系统生产电锌。一般新建的锌冶炼厂大都采用湿法炼锌，其主要优点是有利于改善劳动条件，减少环境污染，有利于生产连续化、自动化、大型化和原料的综合利用，可提高产品质量、降低综合能耗、增加经济效益等。全湿法炼锌是在硫化锌精矿直接加压浸出的技术基础上形成的，于 20 世纪 90 年代开始应用于工业生产。该工艺省去了传统湿法炼锌工艺中的焙烧和制酸工序，锌精矿中的硫以元素硫的形式富集在浸出渣中另行处理。图 4-5 是湿法炼锌可供选择的工艺流程。

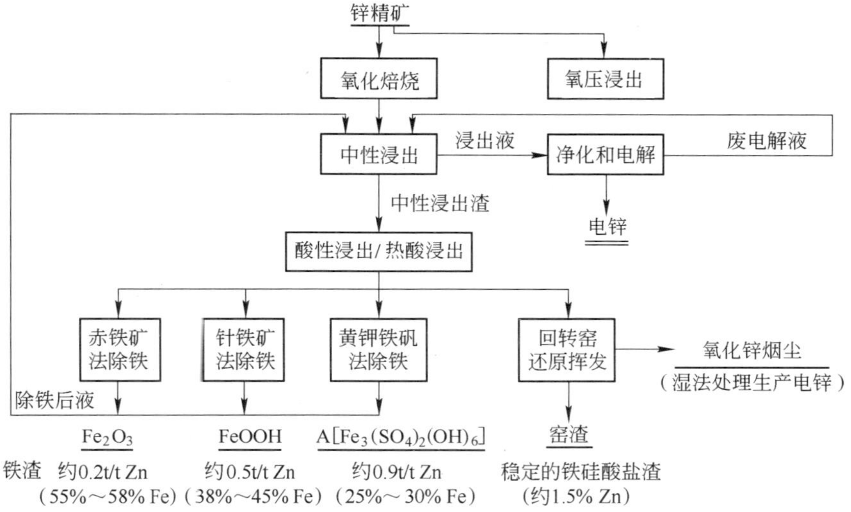

图 4-5　湿法炼锌可供选择的工艺流程

第一节　硫化锌精矿焙烧

硫化锌精矿在高温且有氧存在的条件下进行流态化焙烧。焙烧的实质就是在氧化气氛中加热锌精矿，使其发生物理化学变化，改变其成分以适应下一步冶金过程的要求。流态化焙烧工艺流程一般可分为四部分，即炉料准备及加料系统、炉本体系统、烟气及收尘系统和排料系统。流态化焙烧设备连接图如图 4-6 所示。

锌精矿焙烧的目的是：（1）将精矿中的 ZnS 尽量氧化变成 ZnO，同时，也使精矿中的铅、镉、砷和锑等杂质氧化

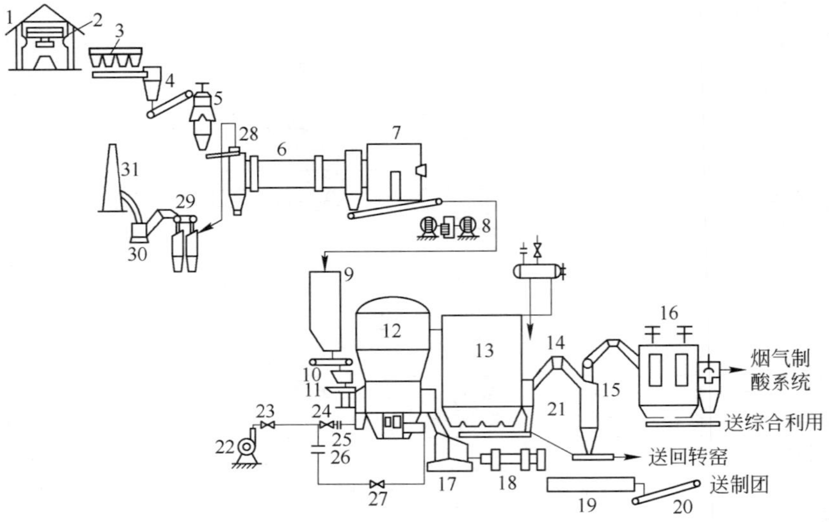

图 4-6　流态化焙烧设备连接图

1—矿仓；2—抓斗起重机；3—矿斗；4，20—带式运输机；5—磅秤斗；6—干燥窑；7—燃烧室；8—鼠笼式破碎机和筛子；9—储矿斗；10—圆盘矿斗；11—圆盘给料机；12—流态化焙烧炉；13—余热锅炉；14—人字烟气管道；15，29—旋风收尘器；16—电收尘器；17—焙砂流态化冷却箱；18—焙砂冷却筒；19—螺旋运输机；21—绞笼；22—鼓风机；23—风斗总闸门；24—前室风斗闸门；25，26—风斗流量计；27—大风斗闸门；28—干燥室抽风罩；30—排风机；31—烟囱

变成易挥发的化合物或直接挥发而从精矿中分离；（2）使精矿中的硫氧化变成 SO_2，产出有足够浓度的 SO_2 烟气，以便制取硫酸。湿法炼锌要求把 ZnS 转变成 ZnO，因为除非在氧压浸出的特殊条件下，一般稀硫酸溶液浸出液是不能溶解 ZnS 的。尽管湿法生产始终是在 H_2SO_4-$ZnSO_4$ 水溶液体系中进行，但对硫化锌精矿的焙烧仍然是需要氧化焙烧，而不是硫

酸化焙烧。因为严格说来，湿法炼锌并不需要消耗成品硫酸，ZnO 在浸出过程所消耗的 H_2SO_4（其浸出反应为 $ZnO + H_2SO_4 = ZnSO_4 + H_2O$）会在随后的 $ZnSO_4$ 水溶液电积锌时等量地得到再生，即浸出所需的酸全由废电解液提供，否则会造成整个湿法系统酸不平衡。但在实际生产中，溶液中的硫酸由于挥发会有损失，或原料中因含有能形成不溶硫酸盐的金属组分（如铅、钙等）也会消耗酸（损失于浸出渣中），要补偿这部分酸，由于锌焙烧烟尘中普遍含有一定量的硫酸盐就可以满足需要了，湿法炼锌工厂一般都采用较高的焙烧温度（900～1000℃）进行氧化焙烧，焙砂中的锌主要以氧化锌存在，还有一定量的硫酸锌、大量的铁酸锌和少量的硫化锌。

第二节 浸　　出

浸出过程在整个湿法炼锌的生产过程中起着重要的作用。湿法炼锌浸出过程，是以稀硫酸溶液（主要是锌电解过程产生的废电解液）作溶剂，将含锌原料中的有价金属溶解进入溶液的过程。其原料中除锌外，一般还含有铁、铜、镉、钴、镍、砷、锑及稀有金属等元素。在浸出过程中，除锌进入溶液外，金属杂质也不同程度地溶解而随锌一起进入溶液。这些杂质会对锌电积过程产生不良影响，因此在送电积以前必须把有害杂质尽可能除去。在浸出过程中应尽量利用水解沉淀方法将部分杂质（如铁、砷、锑等）除去，以减轻溶液净化的负担。浸出过程的目的是将原料中的锌尽可能完全溶解进入溶液中，并在浸出终了阶段采取措施，除去部分铁、硅、砷、锑、锗等有害杂质，同时得到沉降速度快、过滤性能好、易于液固分离的浸出矿浆。

一、常规浸出

生产实践表明，湿法炼锌的各项技术经济指标，在很大程度上取决于浸出所选择的工艺流程和操作过程中所控制的技术条件。因此，对浸出工艺流程的选择非常重要。为了达到上述目的，大多数湿法炼锌厂都采用连续多段浸出流程，即第一段为中性浸出，第二段为酸性浸出。通常将锌焙烧矿采用第一段中性浸出、第二段酸性浸出、酸浸渣用火法处理的工艺流程称为常规浸出流程，其典型工艺原则流程如图 4-7 所示。

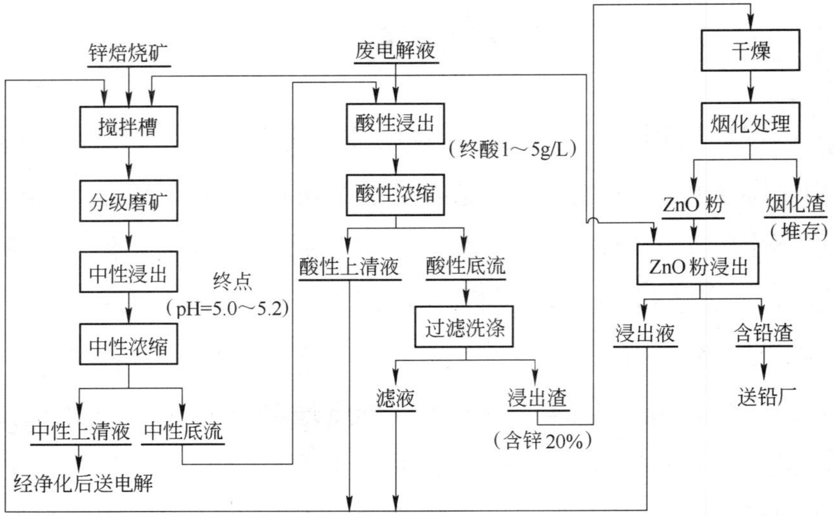

图 4-7 常规浸出典型工艺原则流程

常规浸出产出的浸出渣含锌20%左右，一般采用回转窑烟化法回收其中的锌。这种火法处理锌浸出渣传统法所产生出的窑渣，在自然环境中处于较稳定状态，可溶性的盐类和其他化合物少，便于堆存，从环保的角度来看有其优点，且In、Ge等稀散金属富集在烟尘中，有利于综合回收。但由于是高温处理，存在燃料、还原剂和耐火材料消耗大等缺点。

二、热酸浸出

由于常规浸出流程复杂，且生产率、回收率低，生产成本高，随着20世纪60年代后期各种除铁方法的研制成功，锌焙烧矿热酸浸出法在20世纪70年代后得到广泛应用。

浸出渣采用热酸浸出，可使以铁酸锌形态存在的锌的浸出率达90%以上，显著提高了金属的提取率，但大量铁、砷等杂质也会转入溶液，使浸出液中的含铁量高达30g/L以上。对于这种含铁高的浸出液，若采用中性浸出过程所采用的那种中和水解法除铁，则会因产生大量的$Fe(OH)_3$胶状沉淀物而使中性浸出矿浆难以沉降、过滤和渣洗涤，甚至导致生产过程由于液固分离困难而无法进行。为了从含铁高的溶液中沉铁，自20世纪60年代末以来，先后在工业上应用的沉铁方法有黄钾铁矾法、转化法、针铁矿法、赤铁矿法。这些方法与传统的水解法比较其优点是铁的沉淀结晶好，易于沉降、过滤和洗涤。目前国内外采用钠钾铁矾法最多，其他方法只有少数工厂采用。现代广泛采用的热酸浸出流程如

图 4-8 所示。

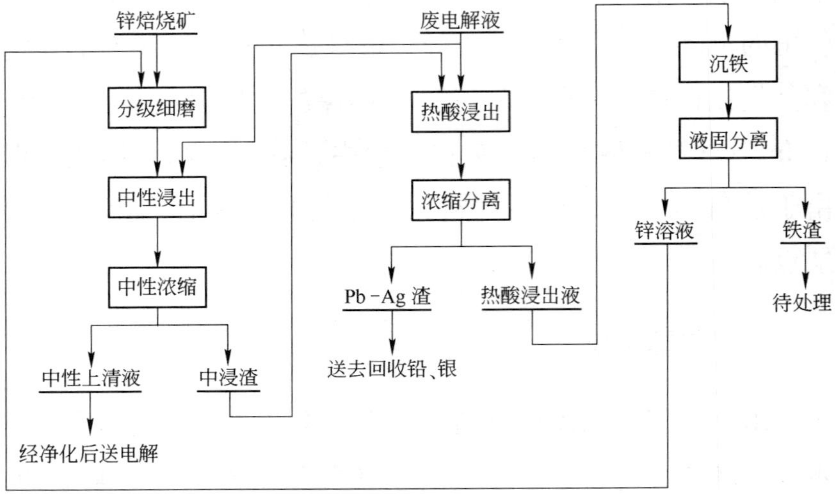

图 4-8 现代广泛采用的热酸浸出流程

热酸浸出工艺流程是在常规浸出的基础上，用高温（大于90℃）高酸（浸出终点残酸一般大于30g/L）浸出代替了其中的酸性浸出，以湿法沉铁过程代替浸出渣的火法烟化处理。热酸浸出的高温高酸条件，可将常规浸出流程中未被溶解进入浸出渣中的铁酸锌和 ZnS 等溶解，从而提高了锌的浸出率，浸出渣量也大大减少，使焙烧矿中的铅和贵金属在渣中的富集程度得到了提高，有利于这些金属下一步的回收。

（一）热酸浸出—黄钾铁矾法

根据统计，国内外目前有 20 多家工厂采用此法生产，如挪威锌公司电锌厂、澳大利亚里斯顿锌厂等。从 1973 年以来，国内冶金研究所及研究院等单位对其进行了研究，并获得了良好的试验结果。1983 年广西柳州市有色金属冶炼厂率先进行了黄钾铁矾法的工业试验，并于 1985 年应用于工业生产，获得了良好的工业试验结果和较好的生产技术指标。20 世纪 80 年代以来，全国采用黄钾铁矾法生产的还有陕西商洛冶炼厂、西北铅锌冶炼厂以及广西来宾冶炼厂等企业。

黄钾铁矾法要达到高的锌浸出率和沉铁率，生产流程就比较复杂，包括 5 个主要过程，即中性浸出、热酸浸出、预中和、沉铁和铁矾渣的酸洗。黄钾铁矾法的典型生产工艺流程如图 4-9 所示。

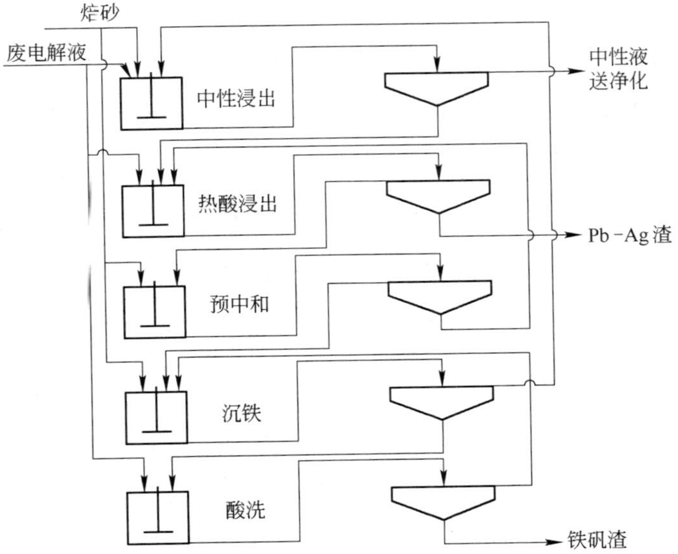

图 4-9　黄钾铁矾法生产工艺流程

该方法流程简单、投资省、见效快、锌浸出率较常规法有明显提高，可达95% ~97%，但Pb、Ag及稀散金属进入矾渣中，不利于综合回收，矾渣中含有少量Cd、As、Cu等，易造成环境污染。为了改进常规黄钾铁矾法工艺，降低铁矾渣中的Zn、Pb、Ag、Au、Cd和Cu的损失，20世纪90年代澳大利亚电锌有限公司首先研究成功了低污染黄钾铁矾法，在铁矾沉淀前调整溶液的成分，使沉矾过程中不需加中和剂就能达到满意的除铁效果，以减少有价金属在矾渣中的损失并改善矾渣对环境的污染，故称为低污染黄钾铁矾。中国也开展了低污染铁矾法炼锌工艺的研究并取得了较好效果，实现了工业应用。

（二）热酸浸出—针铁矿法

1965 ~1969年比利时老山公司（Vieille Montange）研究成功针铁矿法，简称V. M. 法。该法先将硫酸锌溶液中的Fe^{3+}采用ZnS精矿还原为Fe^{2+}，再用空气缓慢氧化为Fe^{3+}，以针铁矿形式沉淀。针铁矿法1971年率先在比利时老山公司巴伦（Balen）厂投产。随着V. M. 针铁矿法的深入研究，还相继采用了$ZnSO_3$、SO_2、PbS等作为还原剂进行了大量的研究工作，并取得了较好的试验结果。20世纪70年代澳大利亚电锌公司（Electrolytic Zinc）研究一种新的针铁矿法，简称E. Z. 法。E. Z. 法是将高Fe^{3+}溶液均匀缓慢地加入至不含Fe的溶液中，要求沉Fe溶液含Fe^{3+}浓度小于1g/L，使Fe^{3+}以针铁矿沉淀，又称为稀释法。1973年国内中南矿冶学院、水口山矿务局、南宁冶金研究所等单位开始进行针铁矿法试验研究，获得了较好的试验结果。该法于1995年在水口山矿务局第四冶炼厂投入工业生产，生产规模为2×10^4t/a电锌（后改为常规法）。该法的优点是渣量较少，约为铁矾渣量的60%，不需要消耗碱试剂，尤其对回收稀散金属有利，如铟回收率可达90%以上。缺点是需增加一道还原工序，工艺流程较复杂，并需用还原剂，蒸汽消耗量较黄钾铁矾法约高40%。因此，该法的基建投资和经营费用较黄钾铁矾法要高，阻碍了该法的使用，目前世界上只有4家工厂采用。

（三）热酸浸出—喷淋除铁法

热酸浸出—喷淋除铁法是中国江苏研究所与温州冶炼厂共同开发的新工艺，已于1984年在温州冶炼厂投入工业生产。生产实践表明，该工艺具有流程简单，操作方便，经营费用低，投资省，对原料适应性强，不需要碱试剂，不需要还原、高温、高压过程等优点，使用于精矿来源复杂的中小型冶炼厂。锌回收稍低、渣含锌较高为此法的缺点。1992年温州冶炼厂扩建时，对原有的热酸浸出—喷淋除铁法工艺进行了完善，增加了一道中型浸出工序，由于所得铁渣与针铁矿法有许多相似之处，因此可称之为仲-针铁矿法。

（四）高压浸出—赤铁矿法

1968～1970年赤铁矿法由日本同和矿业公司发明，1972年在日赤饭岛冶炼厂投入生产。该法基于在高温（200℃）、高压（1.8～2.0MPa）条件下，Fe^{3+}以赤铁矿（Fe_2O_3）形式沉淀。80年代日本帮助联邦德国建成了

Dalten（达梯尔）世界上第二个赤铁矿法炼锌厂（后已改为氧压浸出法）。该法优点是金属回收高，原料的综合利用好，适于处理含 Au、Ag、Cu、In、Ge、Ga 高的原料，产出的石膏可作为商品出售，赤铁矿渣含铁高，经焙烧脱硫后可作为炼铁原料，实现“无废渣”冶炼。但因需要昂贵的钛材制造耐高温、高压设备，投资费用高，蒸汽消耗大，工艺也较复杂，因此尚未得到广泛采用。但随着环保要求的日益严格、材料设备的不断改进，该法今后必将获得很好的发展。

第三节 净　　化

锌焙砂或其他的含锌物料（如氧化锌烟尘、氧化锌原矿等）经过浸出后，产出中性浸出液，虽然在浸出过程中通过控制终点酸度使 Fe 完全水解沉淀的同时，除去了砷、锑等部分杂质，但是残存的许多杂质（如 Cu、Cd、Co、Ni、As、Sb、Ge 等）对锌电解沉积过程有极大危害，会使电解电流效率降低、增加电能消耗、影响阴极锌质量、腐蚀阴极和造成剥锌困难等。因此，必须通过溶液净化，将危害锌电积的所有杂质除去，产出合格净化液才能送至锌电解槽。

净化的目的是将中性浸出液中的 Cu、Cd、Co、Ni、As、Sb 等杂质除至电积过程的允许含量范围之内，确保电积过程的正常进行并生产出较高等级的锌片。同时，通过净化过程的富集作用，使原料中的有价伴生元素，如 Cu、Cd、Co、In、Tl 等得到富集，便于从净化渣中进一步回收有价金属成分。

净化方法按其净化原理可分为两类：（1）加锌粉置换除 Cu、Cd，或在有其他添加剂存在时，加锌粉置换除 Cu、Cd 的同时除 Ni、Co。根据添加剂成分的不同，该类方法又可分为锌粉-砷盐法、锌粉-锑盐法、合金锌粉法等净化方法；（2）加有机试剂形成难溶化合物除 Co，如黄药净化法和亚硝基 β 萘酚净化法。各种净化方法的工艺过程概要列于表 4-2。

表 4-2　各种硫酸锌溶液净化方法的几种典型流程

流程类别	第一段	第二段	第三段	第四段	工厂举例
黄药净化法	加锌粉除 Cu、Cd，得 Cu、Cd 渣送去提 Cd 并回收 Cu	加黄药除 Co，得 Co 渣送去提 Co			株洲冶炼厂 I 系统
锑盐净化法	加锌粉除 Cu、Cd，得 Cu、Cd 渣送去提 Cd 并回收 Cu	加锌粉和锑盐除 Co，得 Co 渣送去回收 Co	加锌粉除残 Cd		西北铅锌冶炼厂，葫芦岛锌厂，株洲冶炼厂Ⅱ系统
砷盐净化法	加锌粉和 As_2O_3 除 Cu、Co、Ni，得 Cu 渣送去回收 Cu	加锌粉除 Cd，得 Cd 渣送去提 Cd	加锌粉除复溶 Cd，得 Cd 渣返回第二段	再进行一次加锌粉除 Cd	原沈阳冶炼厂，赤峰冶炼厂

续表 4-2

流程类别	第一段	第二段	第三段	第四段	工厂举例
β 萘酚法	加锌粉除 Cu、Cd，得 Cu、Cd 渣送去提 Cd 并回收 Cu	加锌粉除 Cd、Ni，得 Cd 渣送去回收 Cd	加 α 亚硝基 β 萘酚除 Co，得 Co 渣送去回收 Co	加活性炭吸附有机物	祥云飞龙公司
合金锌粉法	加 Zn-Pb-Sb-Sn 合金锌粉除 Cu、Cd、Co	加锌粉除 Cd			柳州锌品厂

从表 4-2 可以看出，由于各厂中性浸出液的杂质成分与新液成分控制标准不同，故各厂的净化方法也有所差别，且净化段的设置也不同。按净化段的设置不同，净化流程有二段、三段、四段之分。按净化的作业方式不同有间断、连续作业两种。间断作业由于操作与控制相对较易，可根据溶液成分的变化及时调整组织生产，为中、小型湿法炼锌厂广泛应用。连续作业的生产率较高、占地面积少、设备易于实现大型化、自动化，故近年来发展较快，但该法操作与控制要求较高。

第四节 电 解

硫酸锌溶液的电解过程是将已经净化好的硫酸锌溶液（新液）以一定比例同废电解液混合后连续不断地从电解槽的进液端送入电解槽内。

铅银合金板（含银量约1%）阳极和压延铝板阴极，并联交错悬挂于槽内，通以直流电，在阴极析出金属锌（称阴极锌或析出锌），在阳极则放出氧气。随着电积过程的不断进行电解液含锌量逐渐减少，而硫酸含量则逐渐增多，为保证电积条件的稳定必须不断地补充新液以维持电解液成分稳定不变。电积一定时间后，提出阴极板，剥下压必须不断地补充新液以维持电解液成分稳定不变。电积一定时间后，提出阴极板，剥下压延铝板上的析出锌片送往熔铸工序。锌电解沉积的电化学体系如图4-10所示。一般生产流程如图4-11所示。

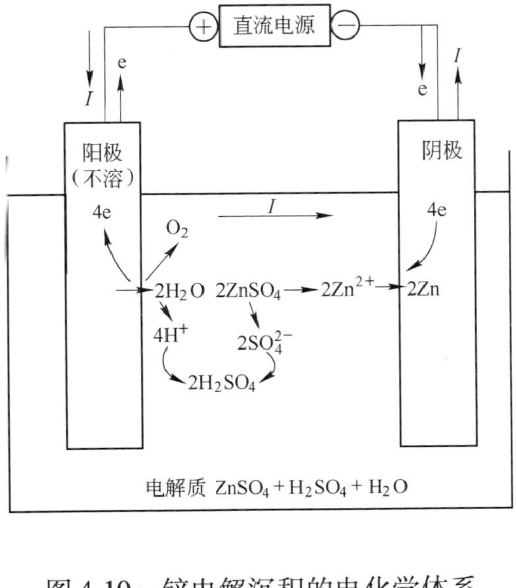

图4-10　锌电解沉积的电化学体系

锌冶炼行业存在的主要问题是电解电耗高，自动化水平低。目前云南驰宏锌锗、内蒙古紫金巴彦淖尔、丹霞冶炼厂

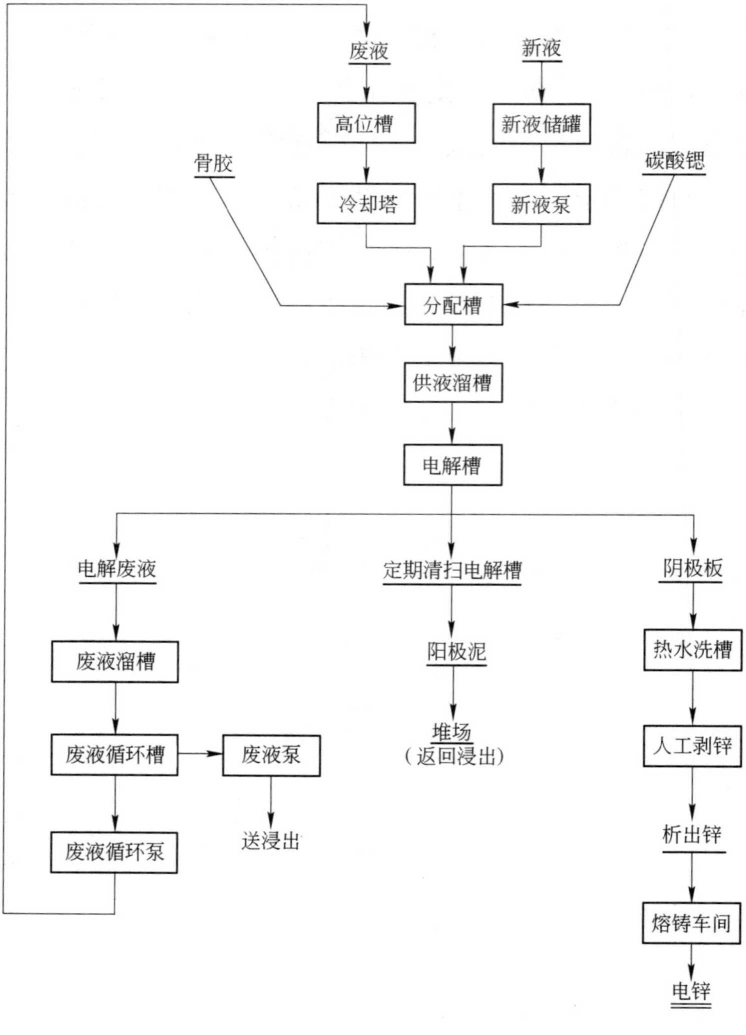

图 4-11 从硫酸锌溶液电积锌的生产流程

和株冶10万吨常压浸出采用国外进口大极板电解和自动剥锌技术，实现了长周期电解、机械化剥锌，劳动生产率成倍提高，标志湿法炼锌技术向国际先进水平迈进。图 4-12 为云南驰宏锌锗长周期大极板锌电解车间。

图 4-12　云南驰宏锌锗长周期大极板锌电解车间

第五节　熔　　铸

电解沉积析出的阴极锌片虽然化学成分已达标，但大块薄片及其表面状态不宜作为商品运输和储存。因此，阴极锌片要进行熔化铸锭才可作为成品出厂。熔锌所用设备主要有反射炉及感应电炉两种，由于感应电炉不用燃料，炉内锌氧化少，锌直收率高，因而被广泛采用。

阴极锌熔铸过程是在熔化设备中将阴极锌片加热熔化成锌液，加入少量氯化铵（NH_4Cl），搅拌，扒出浮渣，锌液铸成锌锭。

熔铸锌的直接回收率受阴极锌质量、加料方法、加温方法和操作情况等因素的影响。对于熔锌反射炉，由于阴极锌结构疏松，含水量高，进炉阴极锌未全部浸没于锌液中，直接与火焰接触，会增加锌的氧化和浮渣量。如果氯化铵加入不当，搅拌不彻底，扒渣时温度过低都会造成渣、锌分离不好，渣带走锌量增多，这些因素均会降低锌直接回收率。熔锌电炉的直接回收率一般为96%～97.5%。无论采用反射炉还是电炉哪种熔锌设备都要产生浮渣，这是因为从炉门进入炉内的空气或燃烧产生的废气 CO_2 以及阴极锌片带入的少量水分，会使炉内的锌液氧化生成氧化锌，生成的氧化锌以一层薄膜状包裹一些锌液滴，形成小粒状的氧化锌与金属锌的混合物，即为浮渣（其中含锌80%～85%），浮渣越多，熔铸时锌的直收率越低。

浮渣的产出率与熔铸设备、熔铸温度、阴极锌的质量有关。当采用感应电炉熔铸时，由于不用燃料，炉内锌的氧化少，因而浮渣的产出率比反射炉低，锌的直收率高。同时，电炉同反射炉相比能耗较低（一般吨锌耗电为100～120 kW·h)、劳动条件好、操作条件易于控制。国内外均用电炉熔铸代替了反射炉熔铸。反射炉熔铸只在一些小厂使用。

第六节 直接浸出

一、氧压浸出

氧压浸出工艺代表着当今国际湿法炼锌工艺的先进水平，它具有锌回收率高、综合回收好、原料适应性广、环保效果好等优点。2009 年 9 月，丹霞冶炼厂引进加拿大 Dynatec 公司锌氧压浸出工艺建成投产，有效弥补国内炼锌技术的关键缺陷和不足，有利于国内炼锌工艺的整体提升和优化发展。

浸出工艺引进加拿大 Dynatec 公司的两段加压浸出技术。工作原理是将细磨后的锌精矿、氧气、废电解液等送入氧压浸出釜，在一定的温度、压力下反应，经过闪蒸、调节、浓密、硫浮选、熔硫、热滤、中和、置换等环节产出合格上清液，并回收其中的镓、锗、铅、银、硫等。工艺流程如图 4-13所示。

二、常压浸出工艺

富氧常压直浸炼锌工艺包括球磨备料、富氧浸出、浮选、沉铁、砷盐净化、电解、熔铸工序。富氧常压直接浸出锌技术是以铁作为硫化物反应的催化剂，硫化物中的硫在反应中被还原成元素硫，中上清采用砷盐净化工艺。目前，国内使用该技术的是株洲冶炼集团公司。工艺流程如图 4-14 所示。

第四章 其他炼锌工艺

第一节 细菌冶金

对于硫化锌矿，特别是低品位硫化锌矿，采用细菌冶金的方法进行氧化浸出，同样可取代现有湿法炼锌的焙烧和浸

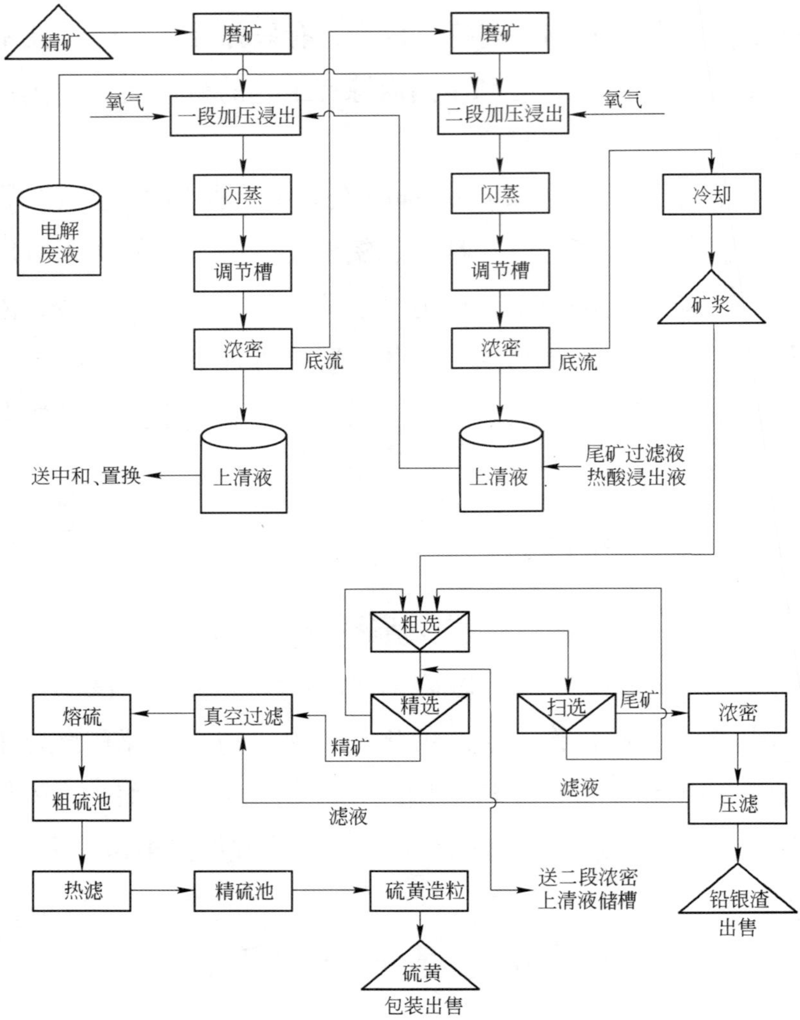

图 4-13　丹霞冶炼厂氧压浸出工艺流程图

出工序。细菌氧化浸出起源于 19 世纪 60 年代中叶巴黎的 Pasteur 研究院对细菌的研究。20 世纪 50 年代，南非 Genmin

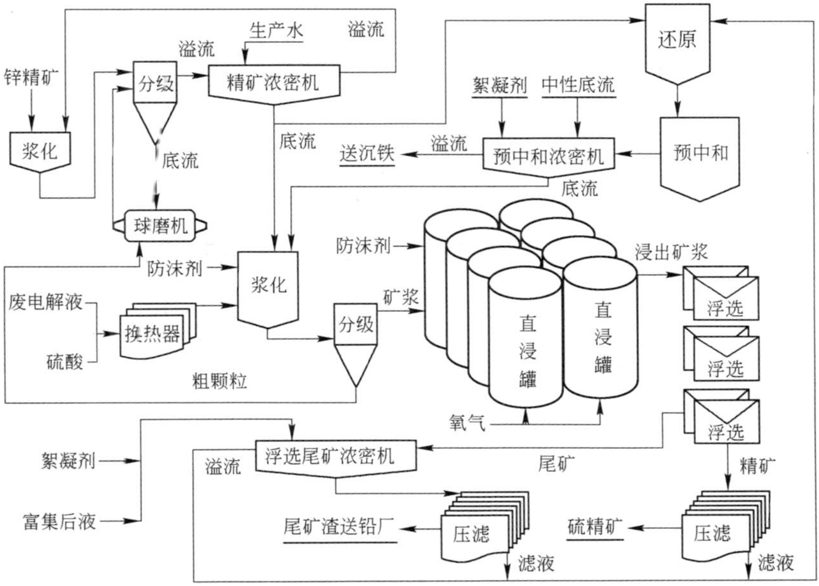

图 4-14　株冶常压富养直接浸出工艺流程图

工艺研究所从 West Rand Consolidated 地下矿洞泵出的废液中分离得到氧化铁硫杆菌后，开始了细菌氧化浸出的研究。后来，英国皇家学院在西澳大利亚分离出中温嗜热细菌作菌种，并于 1988 年在西澳大利亚成立 BacTech 公司，将该菌种应用到 Youanmi 矿氧化处理上。细菌氧化法现仅被用于硫化铜矿和含金硫化物矿石处理。采用细菌氧化法工艺建成的生产厂有巴西的 SaoBento 和加纳的 Ashnti 等。细菌氧化应用于低品位硫化锌矿是近年来的事，该技术还停留在实验室和扩大试验的研究中。细菌氧化法的优点是直接处理难选的低品位矿石，可使资源得到充分利用。

第二节　悬 浮 电 解

悬浮电解法也称为矿浆电解。1967 年，美国 C. G. Fleming 提出一种铜电解精炼的新装置，在电解槽的阴极和阳极之间用一个搅拌装置将加入到阴、阳极间的铜矿搅拌成悬浮状，在阴极析出铜。1969 年美国的 E. C. Brace 也提出一种铜电解沉积的新装置，电解槽被一个多孔的隔膜分为阴极区和阳极区，矿石在阳极区中被浸出，Cu 在阴极区被还原沉积，这就是悬浮电解的雏形。

中国在 1978 年开始进行悬浮电解的研究。1991 ~ 1995 年，北京矿冶研究总院建立 $1m^3$ 的悬浮电解试验研究装置，进行了黄铜矿、方铅矿、氧化锰矿、多金属硫化矿、含金银铜铅矿、硫化铋精矿、铋中矿等的悬浮电解试验研究，于 1997 年将该技术在柿竹园铋冶炼厂投入工业化应用，此后，将该技术推广到云南、广东等地。悬浮电解的电解液体系主要集中在氯化物及盐酸的体系中，使得其应用受到一定的限制。澳大利亚的 Dextec 在用悬浮电解处理闪锌矿时采用的氯化物体系，由于氯化物对阴极过程有许多不利的影响而导致该工艺无法正常应用。云南冶金研究院将悬浮电解的电解液从氯化物体系扩展到硫酸盐体系，消除了氯化物体系对锌电解过程的不利影响，使悬浮电解工艺能够应用于闪锌矿等矿物的悬浮电解中。悬浮电解充分利用了电解过程中阳极氧化反应来浸出矿石中的有价元素，硫则以元素硫的形态回收，从根本上消除了二氧化硫对环境的污染。与一般湿法冶金相比，悬浮电解具有流程短、能耗低、金属分离效率高、生态环境好的优点。

目前，传统的焙烧、浸出、净化和电积湿法炼锌工艺，由于其技术的成熟稳定仍将是锌冶金中最主要的炼锌生产工艺。硫化锌精矿直接浸出和悬浮电解炼锌工艺由于其基本上消除了环境污染，且过程能耗降低，将来可能成为锌冶炼中较有发展前途的工艺。而氧化锌矿直接酸浸出工艺由于能处理低品位的矿石也将成为较有发展前途的工艺。

第五篇

锌 市 场

第一章　供给与需求

第一节　锌精矿生产

一、中国锌精矿生产

2004～2013 年间，中国锌精矿（金属含量，下同）产量年均增长率为 7.9%，超过了全球锌精矿产量的年均增速。2013 年为 473 万吨，其中年产量在 10 万吨以上的省份有内蒙古、湖南、云南、广西、四川、陕西、甘肃、福建、广东，上述 9 省区产量占全国总产量的 89.3%。2004～2013 年中国锌精矿产量如图 5-1 所示，2013 年中国锌精矿产量地区分布情况如图 5-2 所示。

二、中国主要锌精矿生产商

国内锌精矿生产企业规模都不大，小企业居多。全国年产量在 10 万吨以上的企业（公司）只有 4 家，数目最多的是规模在 1 万吨以下的企业。2013 年前 10 大精矿生产商产

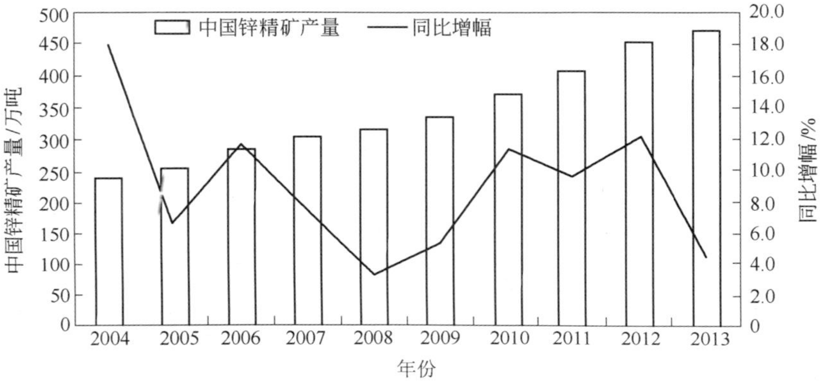

图 5-1　2004 ~2013 年中国锌精矿产量与同比增幅

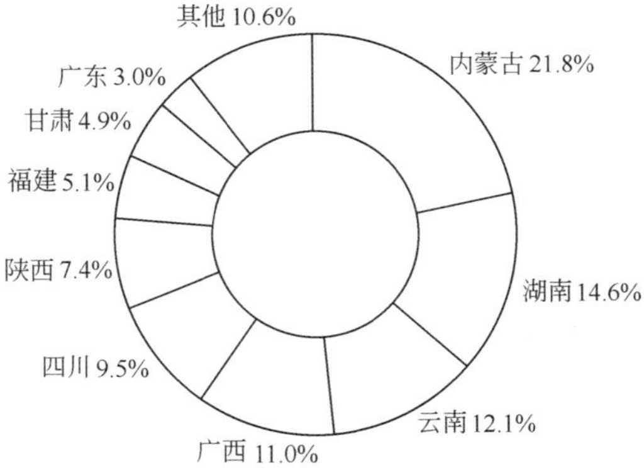

图 5-2　2013 年中国锌精矿产量地区分布

量之和为 93.8 万吨，占全国总量的 19.8%，具体见表 5-1。

表 5-1　中国前十大锌精矿生产企业及其产量（金属量）估计

企 业 名 称	2013 年产量/万吨	2010 年占全国比例/%
驰宏锌锗股份有限公司	20.0	4.2
中金岭南有色金属股份有限公司	13.0	2.7

续表 5-1

企 业 名 称	2013 年产量/万吨	2010 年占全国比例/%
云南金鼎锌业有限公司	12.5	2.6
白银有色金属有限责任公司	12.0	2.5
西部矿业集团公司	7.7	1.6
紫金矿业	7.2	1.5
云南华联锌铟股份有限公司	7.0	1.5
云南昊龙集团	5.5	1.2
万城商务矿业有限公司	4.6	1.0
东升庙矿业有限责任公司	4.3	0.9

注：资料来源于安泰科。

三、世界锌精矿生产

根据国际铅锌研究小组的统计，2004～2013 年间，全球锌精矿产量年均递增 3.5%，2013 年达到 1326.3 万吨，如图 5-3 所示。2004～2013 年全球主要锌精矿生产国产量见

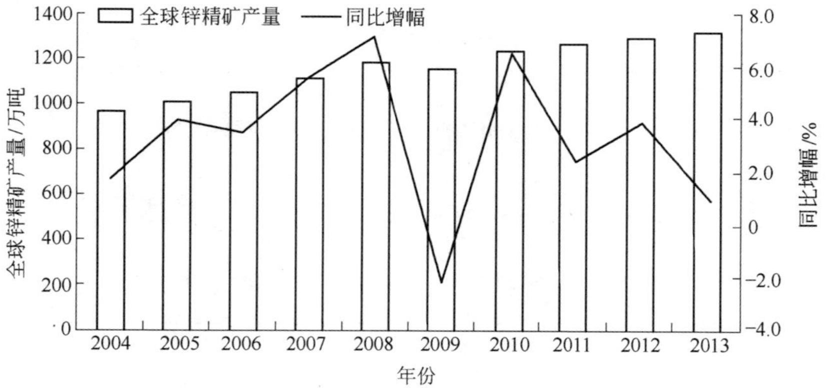

图 5-3　2004～2013 年全球锌精矿产量与同比增幅

表5-2，主要生产国有中国、秘鲁、澳大利亚和美国等。

表5-2　2004～2013年全球主要锌精矿生产国产量

（万吨）

年份	2004年	2005年	2006年	2007年	2008年	2009年	2010年	2011年	2012年	2013年
全球	971.5	1010.5	1048.9	1107.4	1185.9	1160.1	1235.4	1264.4	1313.0	1326.3
中国	239.1	254.7	284.4	304.8	334.3	332.2	370	422	454	473
秘鲁	120.9	120.2	120.2	144.4	160.3	150.9	146.9	126	128	135
澳大利亚	129.8	132.9	133.8	149.8	147.9	125.3	143	147	153	152
美国	73.9	74.8	72.7	80.3	77.9	75	74.1	77	74	78
印度	35.5	47.2	50.3	53.9	61.6	69.5	74	80	76	80
加拿大	79.1	66.7	63.8	63	71.6	70.2	65.1	62	64	43
墨西哥	42.6	47.6	47.9	45.2	45.4	47.8	59.5	63	66	64
哈萨克斯坦	36.1	36.4	41	44.5	44.6	44.2	49	46	43	43
玻利维亚	14.7	16.0	17.3	21.4	38.4	43.4	42	43	39	41
爱尔兰	43.8	44.5	42.6	40.1	39.8	38.6	34	34	34	32

四、世界主要锌精矿生产商

世界最主要的矿业公司包括瑞士嘉能可-超达集团（Glencore-Xstrata）、印度韦丹塔资源（Vedanta）、加拿大泰克资源（Teck Resources）、中国五矿（China Minmetals）、巴西沃特兰亭（Votorantim）、秘鲁沃尔坎（Minera Volcan）、瑞典玻立顿（Boliden）、比利时新星公司（Nyrstar）、墨西哥佩若尔斯（Penoles）、日本住友商事株式会社（Sumitomo Corp.）等。2013 年全球前十大矿业公司锌精矿产量占全球的比重为 36.4%。其中，2012 年瑞士超达和瑞士嘉能可整合为嘉能可-超达集团之后，一举成为行业巨头，公司锌精矿年产量超过 100 万吨，占全球锌精矿产量的 8%。2013 年全球十大公司锌精矿产量及其占比见表 5-3。

表 5-3 2013 年全球十大公司锌精矿产量（金属量）及其占比

公 司 名 称	2013 年产量/万吨	2013 年占全球比例/%
嘉能可-超达(Glencore-Xstrata)	106.4	8.0
韦丹塔(Vedanta)	88.0	6.6
泰克资源(Teck Resources)	62.3	4.7
中国五矿(China Minmetals)	60.0	4.5
沃特兰亭(Votorantim)	45.0	3.4
沃尔坎矿业公司(Volcan)	28.6	2.2
玻立顿公司(Boliden)	27.2	2.1
新星(Nyrstar)	27.1	2.0
佩若尔斯(Penoles)	19.8	1.5
住友商事株式会社(Sumitomo Corp.)	19.0	1.4

第二节 精 锌 生 产

一、中国精锌生产

2004～2013 年中国锌产量年均递增 7.7%，其中 2007 年和 2010 年创下了增产高峰，2010 年的增幅最大，达到

20.5%。2004～2013年中国主要生产地区锌产量见表5-4。

表5-4　2004～2013年中国主要生产地区锌产量

（万吨）

年份	2004年	2005年	2006年	2007年	2008年	2009年	2010年	2011年	2012年	2013年
全国	314.67	322.95	316.4	374.3	391.5	428.8	516.4	521.2	488.1	530.2
湖南	61.9	65.7	69.6	78.4	86.5	98.1	117.2	119.2	111.4	116.7
云南	38.5	41.5	62.3	76.3	76.4	76.1	87.0	87.3	82.4	96.5
陕西	20.6	19.3	26.0	31.7	35.2	38.2	54.5	65.8	68	71.8
广西	25.3	19.7	25.5	29.5	31.5	36.6	50.0	46.9	39.5	41.0
辽宁	29.0	25.8	28.9	26.6	35.6	35.3	38.4	33.5	26.5	25.3
内蒙古	49.4	51.9	9.3	19.1	20.3	21.8	36.6	39.8	35.2	41.0
河南	2.8	8.5	14.5	16.2	19.4	29.6	27.3	29.8	27.1	28.5
广东	18.0	18.4	14.1	18.7	24.7	25.7	26.9	12.7	12.1	26.3
四川	24.0	21.6	19.8	21.3	17.3	23.7	25.8	27.9	17.4	16.2
甘肃	21.5	22.6	23.1	23.1	20.8	19.6	23.5	24.4	27.9	27.5
青海	3.2	3.3	3.1	4.7	10.3	10.8	9.4	8.5	8.5	9.8
浙江	2.5	2.4	2.7	6.5	6.4	5.9	9.1	7.2	3.3	4.4
贵州	14.9	16.6	13.6	7.9	2.4	1.6	2.3	1.9	2.8	3.2
安徽	0.07	0.05	0.1	0.2	0.3	0.4	0.2	0.4	2.9	1.0
山西	3.0	5.6	2.3	1.5	1.9	0.1	0	0	0	0
其他			1.5	12.6	2.5	5.3	8.2	15.9	23.1	21.0

二、中国主要锌生产商

中国主要锌生产企业按照生产规模依次是湖南株冶集团、葫芦岛有色金属集团、陕西汉中锌业有限责任公司、广西河池市南方有色集团、云南驰宏锌锗有限公司、赤峰中色库博红烨锌业有限公司、陕西东岭集团等。2013 年年产能 10 万吨以上的企业（公司）有 23 家，年产能共 449 万吨，占全国总产能的 72.4%。

（一）株洲冶炼集团股份有限公司

株洲冶炼集团股份有限公司由 1956 年建厂的株洲冶炼厂改制而成，2004 年在上海证券交易所上市，股票代码 600961。公司资产总额 66 亿元，员工 5500 人，主要生产铅、锌及其合金产品，并综合回收铜、金、银、铋、镉、铟、锗等多种有价金属和硫酸。铅锌产品年生产能力 65 万吨，其中铅 10 万吨，锌 55 万吨。公司有价金属综合回收率居同行业领先水平。公司是国家级高新技术企业、国家第一批循环经济试点和“两型建设”试点企业。

建企以来，公司为地方经济的发展和社会的和谐稳定作出了巨大的贡献。公司是湖南省首家出口创汇过一亿美元企业，是株洲市首家销售收入过百亿元的本土企业。公司坚持积极履行社会责任，诚信经营、依法纳税，保护环境，共建和谐。

2004 年，湖南有色金属控股集团公司成立，公司为湖南有色金属控股集团公司的重点成员企业；2009 ~ 2010 年经省委省政府批准，中国五矿与湖南有色控股集团分步实施战略重组，公司的股权实际控制人变更为中国五矿集团公司。

（二）中冶葫芦岛有色金属集团有限公司

中冶葫芦岛有色金属集团有限公司（中文简称中冶有

色，英文简称 MCCHNGC），于 2007 年 12 月加入中国冶金科工集团，为中国冶金科工集团控股子公司。

中冶葫芦岛有色金属集团有限公司具有 70 年的发展历史，是东北唯一一家集有色金属冶炼和化工产品生产于一体，并综合回收其他有价金属的国家特大型冶炼企业。公司由两个控股子公司和两个全资子公司组成，即葫芦岛锌业股份有限公司（上市公司）、葫芦岛东方铜业有限公司、葫芦岛有色进出口有限公司和葫芦岛有色冶金设计院有限公司。公司主要经营有色金属冶炼、加工及综合利用产品，化工产品、金属材料、碳化硅制品、建筑材料、高纯产品、稀贵金属产品，兼营废旧设备、废旧物资和废旧物资再生产品、渣处理产品，并取得境外期货资格许可。

公司拥有总资产 116 亿元，占地总面积 490 万平方米，职工总数 1.8 万余人。主要产品生产能力为：精锌 26 万吨、电解锌 13 万吨、电解铜 10 万吨（将要形成 15 万吨能力）、电铅 3 万吨、黄金 5 吨、白银 80 吨、硫酸 90 万吨。锌、铟、镉的生产能力位居全国前列，有色金属生产能力超过 50 万吨。公司产品质量好，信誉高。葫锌（HX）牌锌锭获产品质量国家免检证书，精锌在伦敦金属交易所注册，锌锭和电解铜在上海期货交易所注册，硫酸获国家金质奖，精锌、精镉、锌粉获国家银质奖，铟锭获辽宁名牌产品。

（三）陕西汉中锌业有限责任公司

汉中锌业有限责任公司是陕西有色金属控股集团有限责任公司的核心成员企业，是中国西北地区重要的铅锌冶炼基地之一。前身为陕西八一铜矿，1991 年资源枯竭闭坑后，企业在转产过程中先后建成小型铅锌冶炼厂、精炼厂。1997 年接收原海红轴承厂勉县旧址，用于发展铅锌冶炼。2000 年 9 月，汉中八一锌业有限责任公司成立，2009 年 4 月更名为汉中锌业有限责任公司。公司成立后，通过三期电解锌、综合回收、高纯锌、锌合金等技改项目建设，已发展成为集有色金属采、选、冶，铅、锌冶炼的设计、科研与生产，有色金属产品进出口贸易为一体，科、工、贸相结合的现代化国有控股企业。锌、铅是汉中锌业的主产品，“双燕”牌锌锭先后在上海期货交易所和伦敦金属交易所注册。

近几年来，汉中锌业铅锌主产品产量保持持续快速增长，是国内发展最快的铅锌生产企业之一。

（四）广西河池市南方有色集团

广西河池市南方有色集团始建于 1995 年，是一家集有色金属铅、锌、锑冶炼和资源综合回收于一体的大型企业。集团下设河池市南方有色金属集团有限公司、南丹县南方有色金属有限责任公司、广西南国金属材料有限公司、广西南国铜业有限责任公司、南丹南国矿业有限责任公司、云南南方矿业有限公司、新疆阿克陶县桂新矿业开发有限责任公司等分公司。十几年来，集团公司始终保持快速、健康发展，企业综合实力不断提高，现有员工 3700 多人，总资产超 45 亿元，连续多年纳税超亿元，已成为河池市骨干企业、广西最大的铅锌锑综合冶炼企业、广西强优工业企业、广西出口明星企业、广西有色金属加工重点企业，被列为全国第二批循环经济试点单位、清洁生产单位和广西千亿元产业研发中心——广西铅锌锑及其新材料研发中心承建单位。

历经多年的快速发展，集团公司现已形成年产锌锭30万吨、铅锭（高纯铅）8万吨、锑锭1万吨、硫酸36万吨，综合回收副产品次氧化锌、白银、铟锭、镉等多金属的生产规模。2011年集团公司实现销售收入68亿元，上缴各项税费7亿多元。在多年的生产经营中，集团公司秉承"诚信合作，互利共赢"的宗旨，所生产的产品以其稳定的质量在客户中赢得了良好的口碑，产品远销20多个国家和地区，集团公司现有的铅、锌、锑、白银等4个主要产品为广西名牌产品，其中"麒麟"牌铅锭分别在伦敦金属交易所和上海期货交易所注册成功，成为国际知名品牌，"麒麟"牌锌锭在上海期交所注册成功，正式成为国内民企第一家、广西首家在上海期交所注册的锌锭生产企业。

（五）云南驰宏锌锗股份有限公司

云南驰宏锌锗股份有限公司成立于2000年7月，总部位于爨文化的发祥地、"珠江源头第一市"的曲靖，是一户以铅锌产业为主，集地质勘探、采矿、选矿、冶金、化工、深加工、贸易和科研为一体的省属国有控股上市公司。

驰宏公司的前身为云南会泽铅锌矿，成立于1951年1月，是中国第一个五年计划156个重点建设项目之一，也是中国最早从氧化铅锌矿中提取锗用于国防尖端工业建设的企业，为"两弹一星"的成功研制作出历史性贡献。驰宏公司现有资产总额151亿元，在岗员工1.3万余人（含分、子公司），在国内的云南、四川、内蒙古、黑龙江、西藏等省区及加拿大、澳大利亚设有20多家企业，采选矿能力为200万吨/年，铅锌金属30万吨/年，原料自给率达50%以上，综合回收锗、金、银、镉、铋、碲、铟等10余个金属品种。是国家第一批循环经济试点单位和国家“资源节约型、环境友好型”试点企业。近年来，驰宏公司先后荣获全国首批资源综合利用先进企业、全国设备管理优秀单位、国家科技攻关授奖成果单位、全国企业文化建设优秀单位、全国创新型企业等数百项荣誉称号。

（六）赤峰中色库博红烨锌业有限公司

赤峰中色库博红烨锌业有限公司由中国有色金属建设股份有限公司、荷兰库博贱金属国际公司、赤峰红烨公司、赤峰金泽电力投资有限公司、赤峰白音诺尔铅锌矿、新巴尔虎右旗新鑫矿业有限责任公司六方共同出资组建。目前，公司现有员工1800人，具有初级技术职称及以上人员105人，中专以上学历人员195人。公司形成锌产品总生产能力为21万~26万吨/年，硫酸41万~50万吨/年，是国内大型有色金属工业企业，生产能力处于国内同行业前列，装备达到国内同等规模先进水平。

公司生产的“红烨”牌锌产品在上海期货交易所注册。公司采用自主研发的“低污染沉矾除铁湿法炼锌工艺”荣获国家发明专利，全湿法工艺“从冶炼废渣回收铜、镉、钴、锌的方法”属国内首创，获得国家发明专利。

（七）陕西东岭集团

东岭集团是陕西省最具影响力的民营企业之一。自1988年创立以来，坚持物流贸易与产业投资并举发展，现已形成集物流贸易、金属冶炼、矿产能源、国际贸易、房地产、金融投资等产（行）业为一体的多元化布局，连续多年蝉联“中国企业500强”。集团旗下现拥有东岭国内贸易总公司、东岭冶炼总公司、东岭矿业总公司、东岭国际贸易总公司、东岭金融投资总公司、东岭地产总公司等六大专业运营公司。

东岭冶炼总公司旗下有陕西略阳钢铁有限责任公司、东岭锌业股份有限公司、陕西东岭冶炼有限公司等三大公司。

东岭锌业股份有限公司位于陕西凤县双石铺镇北侧3千米处，注册资金2.57亿元，拥有员工2300余人。公司主要从事有色金属锌冶炼，生产采用国内成熟的竖罐炼锌工艺，年生产锌10万吨、硫酸20万吨。主导产品“东岭”牌锌锭荣获“中国有色金属实物质量金杯奖”、“用户满意产品”、“质量信誉AAA等级”等多项荣誉，2006～2012年连续荣获“陕西省名牌产品”称号。

陕西东岭冶炼有限公司地处宝鸡市凤翔县长青工业园区，注册资本14亿元，现有员工2100名，主要从事有色金属冶炼及焦化生产，年产精锌6.7万吨、精铅3.3万吨、焦炭100万吨，副产品有工业硫酸、精镉、铅冰铜、阳极泥、煤焦油、粗苯、硫铵等。

（八）河南豫光金铅集团有限责任公司

河南豫光金铅集团有限责任公司始建于1957年，1997年组建集团公司，现有职工近7000名。主营业务为有色金属、贵金属冶炼等，核心企业为河南豫光金铅股份有限公司和河南豫光锌业有限公司。河南豫光金铅股份有限公司于2002年7月在上海证券交易所上市，是世界最大的铅冶炼企业，中国最大的白银生产企业。先后研制开发出非定态SO_2转化技术、全湿法金银生产技术、铅冶炼富氧底吹氧化—鼓风炉还原熔炼技术、液态高铅渣直接还原炼铅等四项国际国内领先的核心技术，有力推动了中国铅冶炼工业的技术进步。

豫光金铅是一个以有色金属冶炼为主兼多元化经营的大型企业集团，是中国有色金属行业铅锌领域大型骨干企业，国家第一批循环经济试点单位，全国废旧金属再生利用领域试点企业。公司目前产品种类达30余种，主要产品的生产能力为：电解铅30万吨，电解锌25万吨，硫酸60万吨，黄金3000千克，白银600吨，蓄电池20万kV·A·h。

主导产品“豫光”牌电解铅、“豫光”牌白银、“豫光”牌高纯锌，分别在伦敦金属交易所（LME）和伦敦贵金属协会（LBMA）注册。公司铅锭、锌锭、银锭被中国有色金属工业协会授予“有色金属产品实物质量金杯奖”。公司荣获中国铅锌冶炼行业排头兵企业、中国制造企业500强等荣誉。2008年北京奥运会及残奥会所有奖牌制作所需的专用金属白银，全部由豫光精炼生产。

（九）深圳市中金岭南有色金属股份有限公司

深圳市中金岭南有色金属股份有限公司成立于1984年9月，公司总部位于广东省深圳市，注册资本20亿元，总资产143亿元。1997年1月在深圳证券交易所挂牌上市，连续11年位列中国企业500强，是以铅、锌、铜等有色金属生产为主业的国际化经营的上市公司。

公司集有色金属采、选、冶、加工、科研、建材、房地产开发、贸易仓储、金融为一体多行业综合经营。产业分布在中国和澳大利亚、加拿大、多米尼加、爱尔兰、马来西亚等国。公司拥有国家级技术中心，设立了“博士后科研工作站”。多年来，共获得省部级以上科技奖励近100项。其中，国家级奖励12项，包括科技进步奖一等奖2项、二等奖6项、三等奖3项，技术发明二等奖1项。公司秉承“做不到，没有理由”的企业核心价值观，以铅、锌、铜为主，坚持多金属、国际化、一体化、集约化的经营理念，努力打造国际矿业旗舰企业。

（十）巴彦淖尔紫金有色金属有限公司

巴彦淖尔紫金有色金属有限公司是紫金矿业集团控股子公司，公司成立于2004年10月，注册资本3.75亿元，现有总资产27.6亿元，员工2500余人。地处巴彦淖尔市乌拉特后旗工业园区，是国内大型有色金属冶炼企业。公司20万吨/年锌冶炼采用热酸浸出—低污染沉矾除铁湿法炼锌工艺，目前公司已具备年产锌锭22万吨、硫酸40万吨的产能，年产值可达40亿元以上。公司积极开展矿产资源整合和风险勘探工作，目前控制锌资源金属量300多万吨，原料自给率可达50%以上，现有矿权17个，矿权面积1000余平方千米。

2007年通过了“三标一体”认证，公司“紫金”牌锌锭为上海期货交易所交割品牌，公司实验室通过国家实验室认证，“紫金”牌锌锭被内蒙古自治区品牌协会授予“内蒙古著名品牌”。公司先后荣获“全国劳动关系和谐企业”、“2007内蒙古自治区国税纳税50强”、“巴彦淖尔市文明单位”、“内蒙古自治区五一劳动奖状”、内蒙古自治区“AAA级诚信企业”等荣誉称号。

三、世界精锌生产

国际铅锌研究小组统计数据显示，2004～2013年间，世界精锌产量年均增幅为2.6%，2013年为1310.3万吨，净增加271.1万吨。2004～2013年全球主要精锌生产国产量情况见表5-5。中国产量已经连续22年居世界首位。

表5-5 2004～2013年全球主要精锌生产国产量

（万吨）

年份	2004年	2005年	2006年	2007年	2008年	2009年	2010年	2011年	2012年	2013年
全球	1039.2	1022.1	1065	1136	1167	1129	1265	1307.4	1263.0	1310.3
中国	272.0	277.6	316.3	374.3	391.3	428.6	520.9	521.2	488.1	530.3
加拿大	80.5	72.4	82.4	80.2	76.4	68.6	69.1	66.2	64.9	65.2
韩国	66.9	64.7	66.7	69.1	73.9	63.6	75.0	82.8	87.7	88.6
日本	63.5	63.8	61.4	59.8	61.6	54.1	57.4	54.5	57.1	58.7

续表 5-5

年份	2004 年	2005 年	2006 年	2007 年	2008 年	2009 年	2010 年	2011 年	2012 年	2013 年
印度	27.2	30.2	41.5	45.9	60.6	67.8	74.6	78.0	71.5	79.0
澳大利亚	47.4	45.7	46.6	50.2	49.9	52.6	49.9	51.5	50.1	49.8
西班牙	52.3	50.0	50.7	50.9	46.6	51	51.5	52.4	52.1	52.1
哈萨克斯坦	31.7	35.7	36.5	35.8	36.6	32.8	31.9	32.0	31.7	32.1
墨西哥	33.7	33.6	28.5	32	32	32.3	32.8	32.2	32.0	34.2
芬兰	28.5	28.2	28.2	30.6	29.8	29.4	30.7	30.8	31.3	31.2
德国	35.8	33.5	31.7	29.5	29.2	15.3	16.6	17.0	16.9	16.6

注:资料来源于 ILZSG,CNIA。

四、世界主要锌生产商

近几年，由优美科（Umicore）和澳矿（Zinifex）合并锌冶炼业务形成的新星（Nyrstar）公司精锌产量一直位居世界第一，紧随其后的分别是高丽亚铅（Young Poong）、嘉能可-超达（Glencore-Xstrata）、韦丹塔（Vedanta）、沃特兰亭（Votorantim）等。2013 年上述公司精锌产量均在 50 万吨以上，中国的最大锌冶炼企业株洲冶炼集团精锌产量近 50 万吨，位居世界第六。陕西汉中锌业 2013 年产量 30 万吨，位居世界第九。2013 年全球前十家主要公司精锌产量占全球总产量的 45.9%。2013 年全球十大公司精锌产量及其占比见表 5-6。

表 5-6 2013 年全球十大公司精锌产量（金属量）及其占比

公 司 名 称	2013 年产量/万吨	占全球比例/%
新星(Nyrstar)	108.7	8.3
高丽亚铅(Young Poong)	108.5	8.3
嘉能可-超达(Glencore-Xstrata)	99.1	7.6
韦丹塔(Vedanta)	74.3	5.7
沃特兰亭(Votorantim)	57.6	4.4
株冶集团	49.0	3.7
玻立顿(Boliden)	45.5	3.5
汉中锌业	30.0	2.3
泰克(Teck)	29.0	2.2

注:资料来源于安泰科。

第三节 精 锌 消 费

一、中国精锌消费

2004 ~ 2007 年中国 GDP 增速都在 10% 以上，2007 年高达 14.2%，但 2011 年下降为 9.2%，2012 年只有 7.8%。相应的，2004 ~ 2007 年锌消费增速高达两位数，2010 年基础设施及大型场馆的建设拉动锌消费增长 10%。2011 年作为中国“十二五”的开局之年，“十二五”期间，全国锌的需求继续保持增长，但因为产业结构转型，经济增长速度减慢，锌的需求将适度放慢。钢结构建筑、高速铁路、城市轨道交通、海洋工程和海上石油开采、大型和特殊性能船舶和舰艇、节能环保汽车、水电、核电、风电和超临界火电、特高压电网等将是锌需求的主要增长领域。而随着国家调控政策的出台，房地产市场成交低迷，房价整体下跌，需求回归理性，楼市投机减少，房地产市场开始降温，新房开工面积逐月减少，锌需求增速放缓，2011～2013年锌消费环比增长率在5%～7%之间。2004～2013年中国实际锌消费量如图5-4所示。

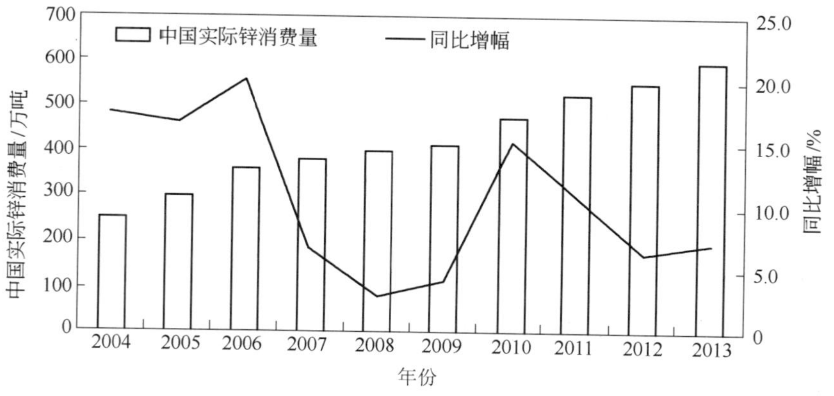

图5-4　2004～2013年中国实际锌消费量

中国锌消费主要分布在华东（上海、浙江、江苏、安徽、福建、江西、山东）、华北（北京、天津、河北、陕西、内蒙古）和华南（广东、海南），这三个地区占全国锌消费的四分之三左右。华东地区是全国最大的锌消耗区；华南地区锌消耗量仅次于华东，是全国最大的锌合金压铸件市场；华北的天津环渤海地区是全国镀锌管、镀锌钢结构、镀锌丝绳产能集中的地区；河北唐山、衡水、保定是镀锌管产能最大的地区，也是镀锌铁塔及其他镀锌结构件主要生产地区之一。全国的锌消费地区结构如图5-5所示。

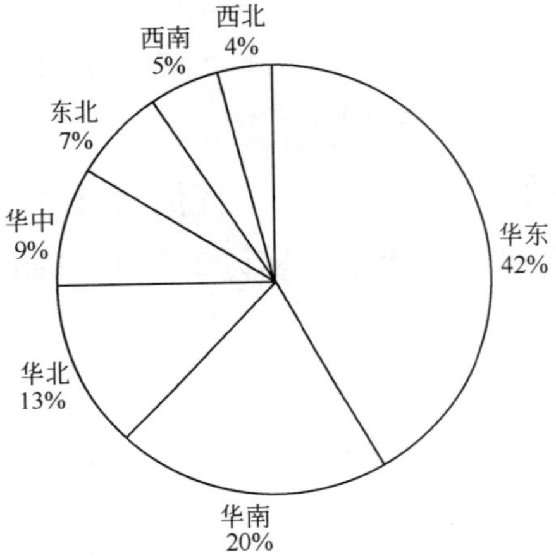

图5-5 2013年中国的锌消费地区结构

根据相关行业及其产品产量对用锌量进行了估计。2004~2013年间，全国锌消费年均递增9.9%，2010年达到596万吨。期间镀锌、黄铜和氧化锌行业用锌量增速都比较快。2013年在锌的总消费中，镀锌占54.3%，压铸合金占24%，氧化锌占9%，黄铜占8.7%，电池均占3.5%，其他占0.5%。全国的锌初级消费结构如图5-6所示。

二、世界精锌消费

全球锌消费主要集中在镀锌、锌合金、黄铜和氧化物领域，镀锌是锌消费第一大领域。根据国际铅锌研究小组统计，世界锌的初级消费结构如图5-7所示，镀锌占到总消费的50%。

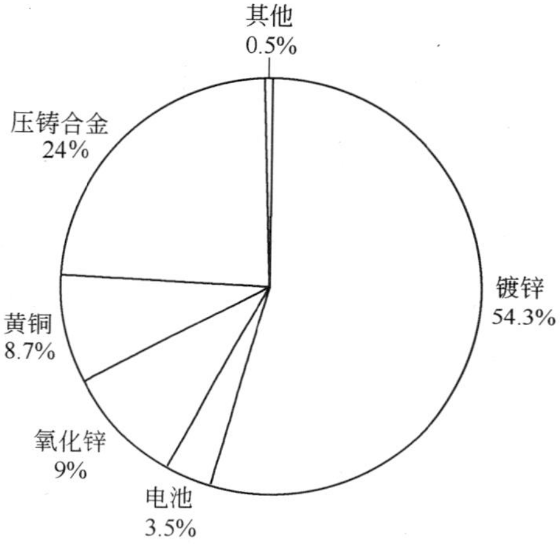

图 5-6 2013 年中国的锌初级消费结构

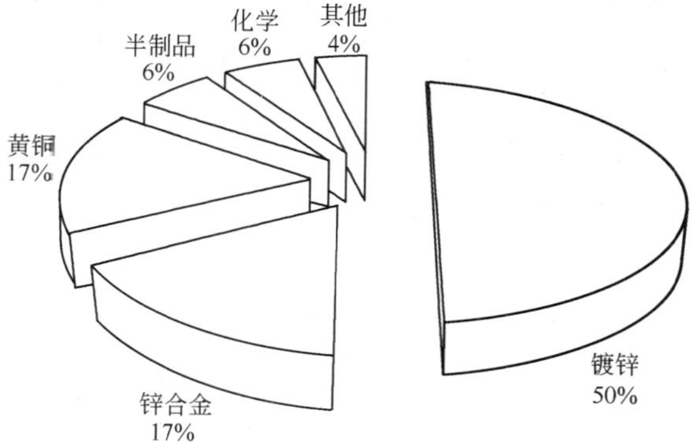

图 5-7 2013 年世界锌的初级消费结构

（资料来源：LZSG）

锌的最终应用领域是建筑业和交通运输，世界锌在上述两个领域中的消费分别占到总消费量的 50% 和 22%，如图 5-8 所示。

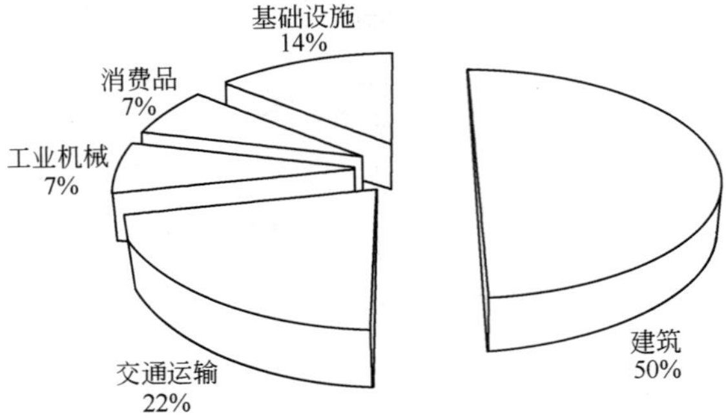

图 5-8 2013 年世界锌最终应用领域

（资料来源：LZSG，安泰科）

2004 ~2008 年全球锌消费稳步攀升。受世界金融危机的影响，2009 年实体经济受到重创，锌的消费有所回落。2010 年，在各国救市政策推动下，锌消费重新返回增长趋势，强劲回升。2004 ~ 2013 年全球锌消费量年均增幅 2.9%。同比变化如图 5-9 所示。

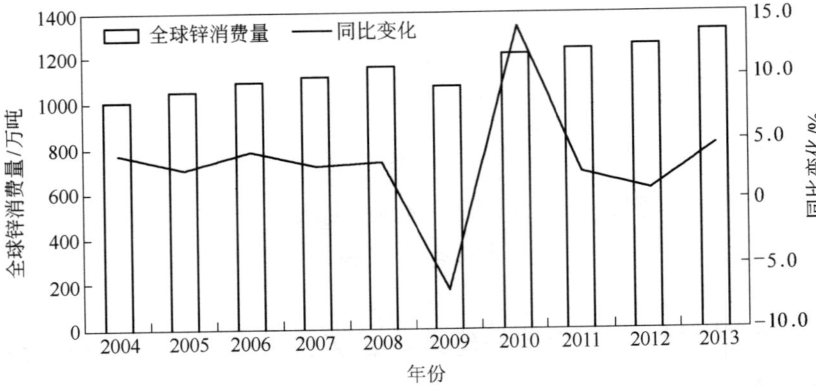

图 5-9 2004 ~2013 年全球锌消费量与同比变化

全球的锌消费主要集中在亚洲，2013 年亚洲锌消费总量占全球的 67%，欧洲锌消费量位居第二，占 17.4%，美洲消费量占 12.8%，剩下的大洋洲和非洲的消费量分别占 1.5% 和 1.3%。

第四节 进出口贸易

一、锌精矿贸易

中国是锌精矿短缺的国家，对进口锌精矿的依赖程度逐年提高。国家一贯支持锌精矿这一类资源性产品的进口。随着冶炼产能的迅速扩张，全国的锌精矿进口量从 2007 年开始激增，2009 年达到最高峰，进口量为 385 万吨（实物量），之后由于国内矿产量的增加，进口量逐年回落。2013 年中国进口锌精矿 199.4 万吨，比 2009 年减少了一半左右。2004 ~2013 年中国锌精矿进口量如图 5-10 所示。

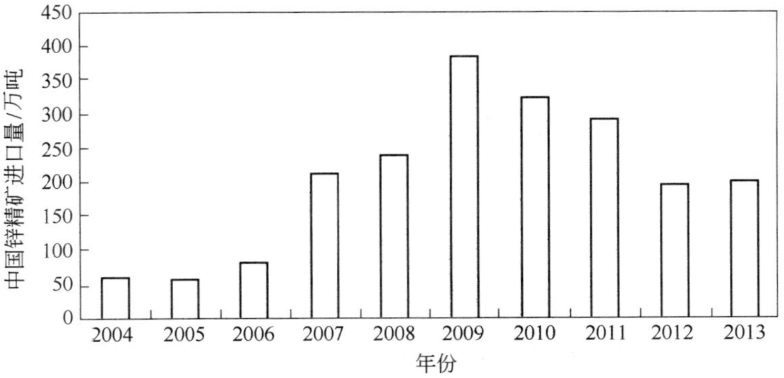

图 5-10 2004 ~2013 年中国锌精矿进口量

二、精锌贸易

中国从2008年开始一直是精锌净进口国，2009年为进口高峰年。2013年净进口精锌62.1万吨，净进口锌合金12.6万吨，净进口锌材0.5万吨。总共净进口275.2万吨。2004~2013年中国主要锌产品进出口量见表5-7。

表5-7 2004~2013年中国主要锌产品进出口量

（万吨）

年 份	精 锌		锌合金		锌 材	
	进口	出口	进口	出口	进口	出口
2004年	23.9	22.4	22.0	3.9	7.6	2.1
2005年	39.2	12.3	22.9	2.4	7.1	2.5
2006年	31.82	32.54	21.39	1.61	7.20	3.25
2007年	14.95	27.56	16.84	0.11	6.00	1.92
2008年	18.34	7.13	14.75	0	4.04	1.51
2009年	66.95	2.93	13.34	0	2.89	1.00
2010年	32.34	4.31	15.45	0	3.32	0.91
2011年	34.8	4.6	15.1	0.2	2.6	1.6
2012年	51.4	0.6	13.3	0.15	1.9	1.1
2013年	62.4	0.3	12.8	0.2	1.6	1.1

第二章 资 本 市 场

第一节 锌 期 货

一、中国锌期货发展历程

早在20世纪90年代初，锌就是与铜、铝、铅、锡、镍等基本金属并列的中远期交易品种。但锌的交易规模逐年递减，至1997年锌交易基本停止。1998年，在期货市场的结构调整中，有色金属交易品种只保留了铜和铝，锌等品种被取消。

然而，锌的价格也在2006年不断走高。在市场需求看涨的同时，企业对如何抵御国际市场快速波动的风险意识也不断增强，关于锌期货重返市场的呼声不断。

2006年3月14日，上海期货交易所在第二届理事会第七次会议上，提出“制定并实施产品开发规划，加紧钢材、铅、锌、石油期货和铜期权等品种的开发及上市准备，力争取得重大突破”的目标。2006年5月有色金属步入调整行情后，锌表现相对强势，屡屡成为市场的领头品种。根据LME情况看，锌的市场活跃程度仅次于铜和铝期货。

中国是世界上最大的铅锌生产国和消费国。面对国际价格的显著变化，国内用锌企业更加敏感，保值、避险的需求也更加强烈。经中国证监会批准的可以从事海外套保交易的仅有30余家大型国有企业，其中约20家金属生产、加工企业拥有海外金属交易机会。

2007年3月26日，上海期货交易所锌期货合约获得证监会的批准并挂牌交易。

二、上海期货交易所

上海期货交易所（Shanghai Futures Exchange，SHFE）是依照有关法规设立的，履行有关法规规定的职能，按照其章程实行自律性管理的法人，并受中国证监会集中统一监督管理。上海期货交易所目前上市交易的有黄金、铜、铝、锌、铅、螺纹钢、线材、燃料油、天然橡胶等期货合约。上海期货交易所现有会员200多家，其中期货经纪公司会员占80%以上，已在全国各地开通远程交易终端250多个。

2007年3月26日，锌期货上市以来，对国内锌市场的供需透明度、定价方式、定价话语权、国内外价格传导机制都起到了积极作用，同时进一步拓展了国内相关企业投资与避险渠道。上海期货交易所锌期货合约见表5-8。

表5-8 上海期货交易所锌期货合约

交易品种	0号锌
交易单位	5吨/手
报价单位	元(人民币)/吨
最小变动价位	5元/吨
每日价格最大波动限制	不超过上一交易日结算价+4%
合约交割月份	1~12月
交易时间	上午9:00~11:30,下午1:30~3:00
最后交易日	合约交割月份的15日(遇法定假日顺延)
交割日期	最后交易日后连续五个交易日
交割品级	标准品:锌锭,符合国标GB/T 470—2008ZN99.995规定,其中锌含量不小于99.995%; 替代品:锌锭,符合BS EN1179:2003 Z1规定,其中锌含量不小于99.995%
交割地点	交易所指定交割仓库
最低交易保证金	合约价值的5%
交易手续费	不高于25元/手(含风险准备金)
最小交割单位	25吨
交割方式	实物交割
交易代码	ZN

三、伦敦金属交易所

伦敦金属交易所（LME）是世界上最大的有色金属交易所，它的价格和库存对世界范围的有色金属生产和销售有着重要的影响。LME 坐落于伦敦金融城的中心，其会员遍布全球，95% 的交易量来自海外。它是英国无形收入的重要提供者，每年交易额在 2 万亿美元以上，产生 2.5 亿英镑以上的海外收入。2012 年 6 月 15 日，香港交易所以 13.88 亿英镑成功收购伦敦金属交易所。

在 19 世纪中期，英国曾是世界上最大的锡和铜的生产国。随着时间的推移，工业需求不断增长，英国又迫切地需要从国外的矿山大量进口工业原料。从 21 世纪初起，LME 开始公开发布其成交价格并被广泛作为世界金属贸易的基准价格。

LME 采用国际会员资格制，其中多于 95% 的交易来自海外市场。交易品种有铜、铝、铅、锌、镍和铝合金。交易所的交易方式是公开喊价交易，此种交易在“圈”内进行，也被称作是“圈内交易”，它的运行有 24 小时电话下单市场与“LME select”屏幕交易系统的支持。LME 每天都公布一系列官方价格，这些价格在业内被作为金属现货合同定价的依据。

自 LME 于 1877 年开张之际，非正式的锌交易即开始进行，并于 1915 年成为正式合约。锌锭从引入交易所后几经提高交割质量，1986 年正式确定为 99.995% 。LME 是交易锌的唯一一家国际性交易所。截至 20 世纪 80 年代，LME 交易的合约量即开始使国际锌业人士将交易所作为实物合约定价的参照点。LME 锌期货合约见表 5-9。

表 5-9 LME 锌期货合约

代码	ZS/ZSD
交易品种	高级锌（99.995%以上纯度锌）
合约规模	25 吨/手
交割等级	1 板坯 2 锌卷 3 锌锭 纯度不低于 99.95% 的锌板坯，每块质量不超过 55 千克，须有 LME 认可的牌号
定价单位	美元/吨
最小的价格波动值	50 美分/吨（12.5 美元/手）
结算货币	美元，日元，英镑，欧元
交易时间	交易日北京时间早 9：00 至次日凌晨 3：00（这是冬令时，夏天会提前 1 小时），电子盘（LME SELECT）平台可以持续不断地交易
每日价格限制	无涨跌停限制
交割方式	实物交割
交割月份及交割日	三个月内为任何一个交易日（现货日前两个交易日可建头寸）。3 个月以上至 6 个月为每个月的星期三。7 个月以上至 27 个月为每个月的第三个星期三

第二节 价格

一、LME 价格

伦敦金属交易所（LME）是全球最具影响力的交易机构，全球价格主要参考其交易价。LME 锌价在 20 世纪 90

年代初达到1800美元左右之后很长一段时间都在1000美元/吨左右震荡徘徊，直到1997年创下了一小高峰，触及1700美元附近，但未回到90年代初的水平，之后又在1000美元附近徘徊了一段时间。2000～2002年LME锌价一度处于700～800美元/吨的历史低点。2003年开始，锌价逐渐走出历史低谷。2003～2007年，LME锌价屡创新高，在2006年11月创下4580美元的历史新高。2008年金融危机导致大宗商品价格持续下跌，LME锌价在2008年12月中下旬触及1037美元/吨的历史新低，为2004年10月份以来的最低。2009年，各国政府为挽救金融危机，纷纷实施量化宽松的货币政策，引发金属价格在2009年走出一轮轰轰烈烈的上扬行情，2010年锌价在1500～2500美元/吨之间宽幅震荡，而从2011年四季度开始，LME锌价的运行平台缩窄至1800～2300美元/吨。1990～2013年LME锌价走势如图5-11所示。

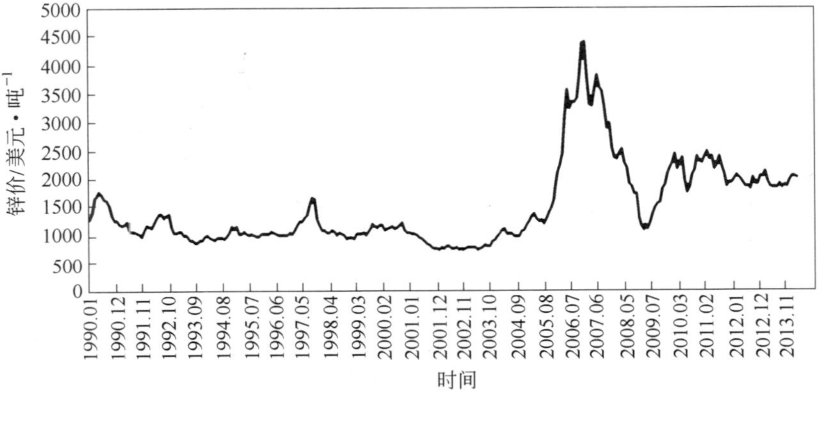

图5-11　1990～2013年LME锌价走势图

二、中国市场价格

从20世纪90年代初起，中国锌价一直持续在7000～8000元/吨之间波动，1995年突破万元大关，在10000元/吨附近持续整理直到2000年。2000～2003年，国内锌价跟随外盘走低，又回落到7000～8000元/吨附近震荡。回顾来看，国内锌价也是从2004年开始走高，在2006年12月达到33800元/吨的历史高位。2007年5月，由于4月国内在上期所推出锌期货，市场十分活跃，国内锌价再次回到了33500元/吨以上的历史高位。在金融危机爆发之后，国内锌价在2008年底最低下探至9000元/吨以下。2009年在国内外流动性充裕的情况下，锌价单边上涨，2010～2011年在14500～20000元/吨之间震荡，2012～2013年基本围绕生产成本波动，在14100～15200元/吨之间狭窄的区间波动。1990～2013年中国现货锌价走势如图5-12所示。

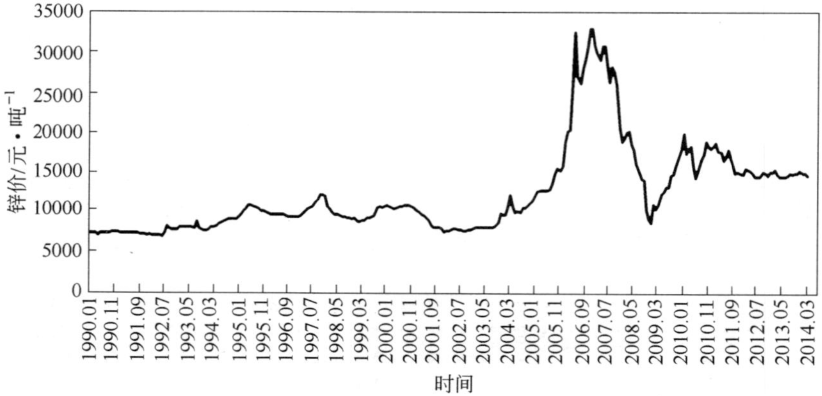

图5-12 1990～2013年中国现货锌价走势图

第三节 影响价格变动的因素

一、供求关系

一般来讲，对于供给而言，商品供给的增加会引起价格的下降，供给的减少会引起价格的上扬；对于需求而言，商品需求的增加将导致价格的上涨，需求的减少导致价格的下跌。锌价的波动也遵循同样的规律。

由于全球锌市场连续三年供应短缺，国内外锌价在2006年底达到历史新高。2007年全球精矿增长较快，供应快速增加，锌价基本上处于回落态势。2007年下半年美国爆发次贷危机，其影响逐渐蔓延至全球主要经济体，令2008年、2009年两年甚至2010年全球经济总体上萎靡不振，部分经济体甚至衰退且异常脆弱。全球锌消费因此遭受重创，锌市场重回供应过剩局面。其中，2009年全球锌市场供应过剩量高达110万吨，为历史最高水平。精锌供应的大量过剩导致锌价明显走低。2009年LME锌价延续2008年的跌势，虽然2010年全球锌市场过剩量依然较大，达76万吨，然而因市场对全球经济的乐观预期增强，且锌的金融属性进一步得到强化，促使锌价较大幅度上涨。2010年LME现货价格为2160美元/吨，较上一年上涨28.6%。较高的价格将继续刺激生产继续增长，市场供应过剩持续。直到2012年，受锌价低迷影响，包括中国在内的主要生产国减产明显，扭转了全球锌市场供求格局，2012~2013年全球锌市场小幅短缺，但由于前期累计库存较多，因此锌价仍难有明显起色。在经历2～3年的去库存阶段之后，预计在2014年达到基本平衡，而随着西方精矿供应的减少，2015年开始将继续供应短缺，价格将有所回升。

二、宏观经济形势及汇率

宏观经济形势和汇率变化（主要指美元走势）是影响价格走势的外部因素，也是背景因素。在市场对其预期相对稳定的情况下，这两因素对市场价格走势的影响有限，反之，则产生巨大的效应甚至主导价格走势，使供需基本面的作用力相对减弱。

2008年美国金融危机以来，市场对全球经济走势的预期始终处于摇摆之中，投资者信心异常脆弱。各主要经济体经济状况成为市场关注的焦点，甚至其公布的个别经济数据都能引起市场巨大的波动。其间，欧洲债务危机的爆发、蔓延以及投资信心的变化导致美元呈宽幅震荡走势，进而影响以美元计价的基本金属价格。从LME三月期货价格与美元指数图（见图5-13）看出，两者存在很好的正相关性。

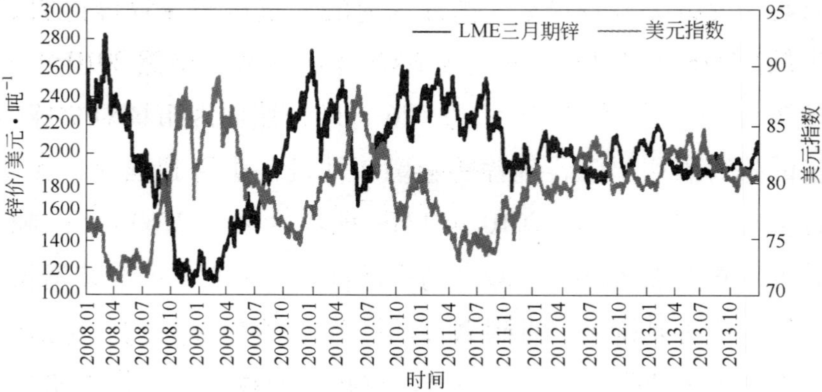

图5-13 LME锌三月期货价格与美元指数图

三、进出口关税

由于中国的产业政策是控制高能耗产品的出口，而锌的冶炼中既要焙烧又要电解，对能源的需求较高，因而锌属于国家限制出口的商品。进出口关税的历次调整都直接影响了进出口锌的成本。中国进出口关税税率变化情况见表5-10。

表5-10 中国进出口关税税率变化情况

出口关税		出口退税		进口关税	
调整时间	税率/%	调整时间	税率/%	调整时间	税率/%
1988年9月	20	1988年	17	1988年	15
1989年8月	20	1995年	14	1996年	10
1993年	0	1996年	9	1997年1月	5
1995年	0	1998年9月	11	2000年	5
1997年	0	1999年7月	15	2001年	3
1998年	0	2001年	17	2011年7月	1
2006年12月	5	2003年1月	15		
2007年5月	1号以下 10	2004年1月	11		
	其他 5				
2007年12月	0号锌0	2006年6月	10		
	1号锌10	2006年1月	5		
	1号锌以下15	2007年7月	0		

改革开放以来，随着锌市场供求形势的转折，中国锌的贸易政策经历了四个阶段。

第一阶段：20世纪80年代初在计划经济条件下，有色金属的对外贸易实行国家统一管理，1987年上半年以前对铅锌等主要有色金属均实行出口免税制度。1988 年，由于国际有色金属价格开始暴涨，中国铅锌大量出口，造成国内供应紧张，所以从 1988 年 9 月 20 日起，国家对铅锌冶炼产品和加工产品分别征收 30% 和 20% 的出口关税，并进行出口配额管理。上述关税一直执行到 1992 年年底。

第二阶段：20 世纪 90 年代，国内产量逐年增长，但需求增长相对较慢，国内市场适度过剩，国内建设也需要大量外汇，国家逐步放松了对出口的管制，鼓励出口创汇。1993 年 1 月 1 日起，国家放宽了铅锌的出口配额管理，锌金属的出口税则关税从 30% 下降到 20%，并执行 5% 的暂定税率。1997 年 1 月 1 日，除了铅锌精矿以外，其他铅锌产品不再征收出口关税。从 1988 年 1 月开始，中国对所有进口商品征收进口环节增值税并实行出口退税制度，退税率几经调整。

第三阶段：加入 WTO，进口门槛降低，继续鼓励出口阶段。1996 年以前锌金属征收 15% 的进口关税，从 1996 年开始，随着加入 WTO 谈判的进展，有色金属进口关税普遍逐年下调，锌从 15% 下降到 10%，锌锭的出口关税从 1993 年开始为零，2006 年增加到 5%。

2004 年中国对有色金属产品出口执行高退税制度，期间随着国内供求情况的起伏而在 9% ~17% 之间调整。

第四阶段：2006 年开始的以限制“两高一资”行业发展为核心限制出口。21 世纪以来，国内有色金属生产和消费都进入最快的发展时期，冶炼能力持续快速增长，产能过剩、资源和能源不足、环保压力日趋增大等问题越来越突出。中国经济发展的重点转向产业结构调整，转变增长方式上来，限制两高一资（高污染、高耗能、资源性）产品出口，逐步取消了出口退税，并加征出口关税。

四、锌用途的变化

目前中国钢材的镀锌率只有20%左右，与日本、美国等发达国家的55%～60%的比例相比还有很大差距。近年来汽车、家电、高速公路等行业对镀锌板需求上升，使得国内镀锌行业的投资建设迅猛发展。而未来随着铝加工技术的进一步升级，铝对锌的替代性也需要注意。

五、锌冶炼成本

目前锌的冶炼成本主要由锌原辅材料费、燃料和动力费、人工成本、制造成本和其他费用组成。锌精矿价格、燃料及电价的变化都会对锌的冶炼成本产生较为明显的影响。

六、基金交易方向

全球机构投资者所持有的资产总值约为50万亿美元，越来越庞大的资金进入商品市场投资，使得基金的交易方向成为左右锌价格的另一个重要因素。

第六篇

行业政策法规

第一章　产 业 政 策

第一节　铅锌行业规范条件(2014年)(征求意见稿)

2014年9月12日，国家工业和信息化部公布了《铅锌行业规范条件（2014年）》(征求意见稿）公开征求意见。为加快铅锌工业结构调整，建立统一开放、竞争有序的市场体系，规范企业生产经营秩序，促进行业持续健康协调发展，依据相关规划和产业政策，将《铅锌行业准入条件(2007)》修订为《铅锌行业规范条件》。规范条件中铅锌冶炼企业包括利用铅精矿及搭配处理含铅二次资源、锌精矿、混合铅锌精矿和含锌二次资源为原料的冶炼企业。

《铅锌行业规范条件》(征求意见稿）中规定，新建小型铅锌矿山规模不得低于单体矿10万吨/年（300吨/日)，服务年限须在10年以上，中型矿山单体矿规模应大于30万吨/年（1000吨/日)。采用浮选工艺的矿山企业其矿石处理能力应不小于矿山开采能力。

新建和改造单独处理锌氧化矿或者含锌二次资源的项目（不含回收锌电池中二次金属项目），规模须达到3万吨/年以上。

另外，规范条件还从工艺技术和装备、能源消耗、资源消耗及综合利用、环境保护等方面，对行业进行了规范。

第二节　产业结构调整指导目录（2011年）(修正版)

2013年2月16日，国家发展和改革委员会公布了发展改革委令第9号《产业结构调整指导目录（2011年本）》（修正版）。为加快转变经济发展方式，推动产业结构调整和优化升级，完善和发展现代产业体系，根据《国务院关于发布实施〈促进产业结构调整暂行规定〉的决定》（国发〔2005〕40号），发改委会同国务院有关部门对《产业结构调整指导目录（2011年本）》进行了修订，自2013年5月1日起施行。

《目录（2011年本）》（修正版）维持分类不变，仍分为鼓励类、限制类和淘汰类。不属于上述3类，但符合国家法律、法规和政策规定的，为允许类，允许类不列入目录。其中涉及铅锌冶炼的有以下内容。

有色金属限制类为：铅冶炼项目（单系列5万吨/年规模及以上，不新增产能的技改和环保改造项目除外）；单系列10万吨/年规模以下锌冶炼项目（直接浸出除外）；新建单系列生产能力5万吨/年及以下、改扩建单系列生产能力2万吨/年及以下以及资源利用、能源消耗、环境保护等指标达不到行业准入条件要求的再生铅项目。

有色金属淘汰类为：采用马弗炉、马槽炉、横罐、小竖罐等进行焙烧、简易冷凝设施进行收尘等落后方式炼锌或生产氧化锌工艺装备；采用烧结锅、烧结盘、简易高炉等落后方式炼铅工艺及设备；利用坩埚炉熔炼再生铅的工艺及设备；1万吨/年以下的再生铅项目；再生有色金属生产中采用直接燃煤的反射炉项目；未配套制酸及尾气吸收系统的烧结机炼铅工艺；烧结—鼓风炉炼铅工艺。

第二章　铅锌工业污染防治相关政策

第一节　大气污染物特别排放限值

2013年2月27日，国家环保部发布《关于执行大气污染物特别排放限值的公告》（公告2013年第14号）。为进一步加强大气污染防治工作，国家环境保护部根据国务院批复实施的《重点区域大气污染防治“十二五”规划》(环发〔2012〕130号)(以下简称《规划》)的相关规定，在重点控制区的火电、钢铁、石化、水泥、有色、化工等六大行业以及燃煤锅炉项目执行大气污染物特别排放限值。

一、执行地区

执行大气污染物特别排放限值的地区为纳入《规划》

的重点控制区，共涉及京津冀、长三角、珠三角等“三区十群”19个省（区、市）47个地级及以上城市（详见附件）。

二、执行时间

（一）新建项目

位于重点控制区的六大行业以及燃煤锅炉新建项目执行大气污染物特别排放限值，具体要求如下：

（1）对于排放标准中已有特别排放限值要求的火电、钢铁行业，自2013年4月1日起，新受理的火电、钢铁环评项目执行大气污染物特别排放限值。

（2）对于石化、化工、有色、水泥行业以及燃煤锅炉项目等目前没有特别排放限值的，待相应的排放标准修订完善并明确了特别排放限值后执行，执行时间与排放标准发布时间同步。

（二）现有企业

“十二五”期间，位于重点控制区47个城市主城区的火电、钢铁、石化行业现有企业以及燃煤锅炉项目执行大气污染物特别排放限值；“十三五”期间将特别排放限值的要求扩展到重点控制区的市域范围，具体要求如下：

（1）火电行业燃煤机组自2014年7月1日起执行烟尘特别排放限值。

（2）钢铁行业烧结（球团）设备机头自2015年1月1日起执行颗粒物特别排放限值。

（3）石化行业、燃煤锅炉项目待相应的排放标准修订完善并明确了特别排放限值，按照标准规定的现有企业过渡期满后，分别执行挥发性有机物、烟尘特别排放限值，执行时间与新修订排放标准的现有企业同步。

三、有关要求

（1）重点控制区内各级环保部门要严格按照大气污染物特别排放限值要求，审批所有新建项目，按照“三同时”制度进行管理，确保满足特别排放限值要求。

（2）现有火电、钢铁企业不能达到大气污染物特别排放限值要求的，应根据超标情况制订限期治理措施，确保在规定时间内达到特别排放限值要求。限期治理后仍不能达标的，应限产、限排或关停，并按相关规定进行处罚。

第二节　铅锌工业污染物排放标准（GB 25466—2010）修改单

为进一步加强大气污染防治工作，落实国务院批复实施的《重点区域大气污染防治“十二五”规划》的相关要求，环境保护部决定修改国家污染物排放标准《铅、锌工业污染物排放标准》（GB 25466—2010），在标准中增加大气污染物特别排放限值。具体内容如下。

根据国家环境保护工作的要求，在国土开发密度较高、环境承载能力开始减弱，或大气环境容量较小、生态环境脆弱，容易发生严重大气环境污染问题而需要采取特别保护措施的地区，应严格控制企业的污染物排放行为，在上述地区的企业执行表6-1规定的大气污染物特别排放限值。新增加的氮氧化物浓度的测定采用表6-2所列的方法标准。

执行大气污染物特别排放限值的地域范围、时间，由国务院环境保护行政主管部门或省级人民政府规定。

表6-1 《铅、锌工业污染物排放标准》（GB 25466—2010）大气污染物特别排放限值 （mg/m^3）

序号	污染物项目	适用范围	限值	污染物排放监控位置
1	颗粒物	所有	10	
2	二氧化硫	所有	100	
3	（以 NO_2 计）	所有	100	车间或生产设施排气筒
4	硫酸雾	制酸	20	
5	铅及其化合物	熔炼	2	
6	汞及其化合物	烧结、熔炼	0.05	

表6-2 氮氧化物浓度测定方法标准

序号	方法标准名称	方法标准编号
1	固定污染源排气中氮氧化物的测定紫外分光光度法	HJ/T 42
2	固定污染源排气中氮氧化物的测定盐酸萘乙二胺分光光度法	HJ/T 43

第三节 铅锌冶炼工业污染防治技术政策（2012年）

为贯彻《中华人民共和国环境保护法》等法律法规，防治环境污染，保障生态安全和人体健康，促进铅锌冶炼工业生产工艺和污染治理技术的进步，2012 年 03 月 07 日，环境保护部发布 2012 年第 18 号公告，发布《铅锌冶炼工业污染防治技术政策》（以下简称《技术政策》），即日起实施。

《技术政策》的原则是：注重保障生态安全和人体健康，促进铅锌冶炼工业生产工艺和污染治理技术进步，推进铅锌冶炼产业升级与产能控制，推动铅锌冶炼业开展清洁生产，实施污染综合防治技术路线，合理设置防护距离，严格环境管理要求。在环境敏感区及其防护区内，要严格限制新（改、扩）建铅锌冶炼和再生项目；区域内存在现有企业的，应适时调整规划，促使其治理、转产或迁出。

《技术政策》的目标是：铅锌冶炼业新建、扩建项目应优先采用一级清洁生产标准或更先进的清洁生产工艺，改建项目的生产工艺不宜低于二级清洁生产标准。企业排放污染物应稳定达标，重点区域内企业排放的废气和废水中铅、砷、镉等重金属量应明显减少，到 2015 年，固体废物综合利用（或无害化处置）率要达到 100%。

《技术政策》鼓励先进技术使用和发展，其中包括：环境友好的铅富氧闪速熔炼和短流程连续熔炼新工艺，液态高铅渣直接还原等技术；锌直接浸出和大极板、长周期电解产业化技术；铅锌再生、综合回收的新工艺和设备；烟气高效收集装置，深度脱除烟气中铅、汞、铊等重金属的技术与设备，小粒径重金属烟尘高效去除技术与装置；烟气高效脱硫、固废综合利用、废水回用、监测控制、环境修复等新技术、装置、仪器等。

附　录

附录一　64种有色金属元素

64种有色金属包括：铝、镁、钾、钠、钙、锶、钡、铜、铅、锌、锡、钴、镍、锑、汞、镉、铋、金、银、铂、钌、铑、钯、锇、铱、铍、锂、铷、铯、钛、锆、铪、钒、铌、钽、钨、钼、镓、铟、铊、锗、铼、镧、铈、镨、钕、钐、铕、钆、铽、镝、钬、铒、铥、镱、镥、钇、钪、硅、硼、硒、碲、砷、钍。

有色金属又分为轻金属、重金属、稀有金属、贵金属和其他有色金属。

（1）轻金属：7种，铝、镁、钾、钠、钙、锶、钡（其中钾、钠、钙、锶、钡5种一般为化工系统的产品）。

（2）重金属：10种，铜、铅、锌、镍、钴、锡、锑、铋、镉、汞。

（3）稀有金属：35种，又细分为四类：

1）稀有轻金属4种（在稀有金属中密度最小）：锂、铍、铷、铯。

2）稀有难熔金属8种（在金属中熔点较高）：钨、钼、钽、铌、钛、锆、铪、钒。

3）稀散金属 7 种（矿体生成极为分散、且多为与其他矿物共生、非经准确的全分析不易发现）：镓、铟、铊、锗、硒、碲、铼（有的分法，将铼分为难熔金属）。

4）稀土金属 16 种（其氧化物似土，故名）：镧、铈、镨、钕、钐、铕、钆、铽、镝、钬、铒、铥、镱、镥、钇、钪。

（4）贵金属：8 种，金、银、钌、铑、钯、锇、铱、铂。

（5）其他有色金属：4 种，硅、砷、硼、钍。

附录二 元素周期表

周期	I_A	II_A	III_B	IV_B	V_B	VI_B	VII_B	Ⅷ			I_B	II_B	III_A	IV_A	V_A	VI_A	VII_A	
1	1 H 氢 1.0079																	2 He 氦 4.0026
2	3 Li 锂 6.941	4 Be 铍 9.0122											5 B 硼 10.811	6 C 碳 12.011	7 N 氮 14.007	8 O 氧 15.999	9 F 氟 18.998	10 Ne 氖 20.17
3	11 Na 钠 22.9898	12 Mg 镁 24.305											13 Al 铝 26.982	14 Si 硅 28.085	15 P 磷 30.974	16 S 硫 32.06	17 Cl 氯 35.453	18 Ar 氩 39.94
4	19 K 钾 39.098	20 Ca 钙 40.08	21Sc 钪 44.956	22 Ti 钛 47.9	23 V 钒 50.9415	24 Cr 铬 51.996	25Mn 锰 54.938	26 Fe 铁 55.84	27 Co 钴 58.9332	28 Ni 镍 58.69	29 Cu 铜 63.54	30 Zn 锌 65.38	31 Ga 镓 69.72	32Ge 锗 72.59	33As 砷 74.9216	34 Se 硒 78.9	35 Br 溴 79.904	36 Kr 氪 83.8
5	37Rb 铷 85.467	38 Sr 锶 87.62	39 Y 钇 88.906	40 Zr 锆 91.22	41Nb 铌 92.9064	42Mo 钼 95.94	43 Tc 锝 97.99	44Ru 钌 101.07	45 Rh 铑 102.906	46 Pd 钯 106.42	47Ag 银 107.868	48Cd 镉 112.41	49 In 铟 114.82	50 Sn 锡 118.7	51Sb 锑 121.7	52 Te 碲 127.6	53 I 碘 126.905	54 Xe 氙 131.3
6	55Cs 铯 132.905	56 Ba 钡 137.33	57–71 La-Lu 镧系	72Hf 铪 178.49	73 Ta 钽 180.947	74 W 钨 183.8	75Re 铼 186.207	76 Os 锇 190.2	77 Ir 铱 192.2	78 Pt 铂 195.08	79Au 金 196.967	80Hg 汞 200.5	81 Tl 铊 204.3	82Pb 铅 207.2	83Bi 铋 208.98	84Po 钋 (209)	85 At 砹 (210)	86 Rn 氡 (222)
7	87 Fr 钫 (223)	88 Ra 镭 (226.03)	89–103 Ac-Lr 锕系	104Rf 𬬻 (261)	105Db 𬭊 (262)	106 Sg 𬭳 (263)	107Bh 𬭛 (264)	108Hs 𬭶 (265)	109Mt 鿏 (268)	110 Ds 𫟼 (269)	111 Rg 𬬭 (272)	112Cn 鿔 (277)						

镧系	57 La 镧 138.905	58Ce 铈 140.12	59Pr 镨 140.91	60Nd 钕 144.2	61Pm 钷 (147)	62Sm 钐 150.4	63Eu 铕 151.96	64Gd 钆 157.25	65Tb 铽 158.93	66 Dy 镝 162.5	67Ho 钬 164.93	68 Er 铒 167.2	69Tm 铥 168.934	70Yb 镱 173.0	71 Lu 镥 174.96
锕系	89 Ac 锕 (227)	90Th 钍 232.0381	91Pa 镤 231.03588	92 U 铀 238.02891	93 Np 镎 (237)	94 Pu 钚 (239.244)	95Am 镅 (243)	96Cm 锔 (247)	97 Bk 锫 (247)	98Cf 锎 (251)	99 Es 锿 (252)	100Fm 镄 (257)	101Md 钔 (258)	102No 锘 (259)	103Lr 铹 (260)